Zur Erinnerung an die
XIV. Internationale Deutschlehrertagung
in Jena–Weimar
vom 3.–8. August 2009

Ihr Verleger

Dr. h.c. Michael Klett

Stephan Askani / Frank Wegner (Hrsg.)

COTTA

DAS GELOBTE LAND DER DICHTER

Briefe an die Verleger

KLETT-COTTA

Den in diesem Band abgedruckten Briefen liegt naturgemäß keine einheitliche Rechtschreibung zugrunde, weder eine alte noch eine neue. Die Herausgeber haben sich dafür entschieden auch in orthographischer Hinsicht, den Autographen bzw. früheren Transkriptionen zu folgen. Uneinheitlichkeiten auch innerhalb einer Epoche und sogar in Briefen aus der Feder eines Verfassers blieben daher bewusst stehen.

Klett-Cotta
www.klett-cotta.de

Printed in Germany
Schutzumschlag: Klett-Cotta-Design
Gesetzt aus der Quadraat von Kösel, Krugzell
Auf säure- und holzfreiem Werkdruckpapier
gedruckt und gebunden von Kösel, Krugzell
ISBN 978-3-608-93904-0

Inhalt

Vorbemerkung der Herausgeber
7

»... denn ich kenne Ihre schöne wagende Kraft.«
Vorwort von Brigitte Kronauer
9

»Wenn ein Mann wie Sie ...«
Freundschaft und Konflikte mit dem Verleger
19

»Ich fürchte, Goethe läßt seinen Faust ganz liegen ...«
Um die großen Werke
39

»... während das Fußvolk sich immens vermehrt«
Zeit und Gesellschaft
63

»Das Leben ist sehr teuer in Rom«
Geld und Honorar
107

»Ich wünsche, daß das Ganze heiter aussehen möge«
Handwerkliches und Druckfehler
121

»Kein Beileid, aber Respekt ...«
Krankheit, Klage und Tod
131

»... darf ich mich als Urteilender für zuständig halten«
Ein Gutachten im Rechtsstreit um den dritten Band der Tagebücher von Bismarck
145

Gründung des Verlages
Johann Georg Cotta an die Universität Tübingen, 1659
155

Verzeichnis der Briefe
159

Quellennachweis und Zeittafel
165

Vorbemerkung der Herausgeber

Der vorliegende Band versammelt Briefe aus 350 Jahren Cotta'scher Verlagsgeschichte. Er ist eine Collage, die sich weder durch chronologische Ordnung noch durch Vollständigkeit auszeichnet. Bei aller Eigenart von Auswahl und Anordnung kommt hier aber doch sehr deutlich zum Ausdruck, dass dieser Verlag, über die Jahrhunderte seines Bestehens, seine Autoren immer als höchstes Gut betrachtet hat.

Die Auswahl ist eine Hommage an die Verlegerpersönlichkeiten, wie sie in den an sie gerichteten Briefen durchscheinen, und selbstverständlich auch an die Verfasser der Briefe. Und ganz en passant zeichnet er ein paar Momente unserer Kulturgeschichte nach.

Wir danken dem Verleger Michael Klett für seinen Zuspruch, Herrn Dr. Helmuth Mojem vom Deutschen Literaturarchiv in Marbach und Herrn Volker Dietrich vom Verlagsarchiv der Ernst Klett AG für ihren Rat und ihre Unterstützung.

Die These, die uns gelegentlich in den Sinn kam, dass ohne den Cotta Verlag und seine Autoren ein Studium der deutschen Literatur höchstens zwei oder drei Semester dauern würde, wird hoffentlich nie zu erproben sein.

Stuttgart im Mai 2009

*»... denn ich kenne Ihre schöne wagende Kraft.«**

Vorwort

Anfang der siebziger Jahre versperrte mir beim Überqueren des Rathausplatzes in Göttingen ein keineswegs junger, aber in diesem Augenblick offenbar jugendlich erregter Schriftsteller den Weg. Ich kannte ihn flüchtig als einen Autor, der seit langem händeringend nach einer Veröffentlichungsstelle für seine zahlreichen Manuskripte suchte. Zu meiner Verblüffung stellte er mir mit schwungvoller Armbewegung ein Wesen vor, das erst vor einigen Monaten sein Abitur gemacht haben konnte: »Mein Verleger!« Worte wie Donnerhall, die vermutlich jeder auch nur vage Bekannte zu hören bekam, der dem Glücklichen an diesem Tag begegnete. Das Erstaunlichste: Der Triumph des Mannes war völlig ironielos. Ein Schriftsteller hatte zu seiner großen Erleichterung jemanden gefunden, der sein Eigentum war und der ihn besaß, sein Diener und zugleich sein Herr, jemanden, der ihn endlich aus schmählicher Arbeit für die Irrealität der Schublade erlöste und seinen Fabulierungen Wirklichkeit und Würde des Professionellen ver-

* Jean Paul an Johann Friedrich Cotta, 09. November 1807

lieh. Auch wenn es sich bei der so grandios betitelten Person noch fast um ein Kind handelte.

Ich lachte, wenigstens innerlich, ohne mir das allerdings leisten zu können: Ich lachte ertappt! In derselben haltlosen Situation, die der Autor gerade hinter sich gebracht hatte, befand ich mich schließlich selbst. Damals wäre ich ja schon selig gewesen, wenn ich von irgendeinem Menschen hätte behaupten können: »Mein Lektor!« Von jemandem, der eventuell »mein« Verleger sein könnte als archaische Projektionsfigur, als beinahe mythisch Changierendes an der Schnittstelle zwischen Werk und Welt, beiden Bereichen gleichermaßen zugeneigt, nichtsdestoweniger erreichbar, haftbar zu machen, zu beschwören, zu verehren und notfalls zu attackieren, davon wagte ich nur zu träumen.

Vergangene Zeiten? Wirft man nicht heutzutage, angesichts der großen Verlagskonzerne, mit dem Tonfall lässiger Geschäftigkeit »mein Agent« in die Runde und nennt dazu eine möglichst hohe Zahl, die den ausgehandelten Vorschuß in Euro beziffert? Briefe an den Verleger? Es liegt nicht nur an dem größtenteils elektronischen Austausch von Informationen, daß etwas Melancholisches in der Formulierung mitzuschwingen scheint, als handelte es sich um eine zwar dokumentierte, aber nur noch ferne Erinnerung an Möglichkeiten individueller Solidarität und Konfrontation mit einem Symbol im Fleische, mit einem für alles Irdische verantwortlichen Einzelnen, mit einer omnipotenten Persönlichkeit, die für den Autor ungeteilt das ersehnte, lebensnotwendige Tor zur Realität repräsentiert.

»Was mich betrifft, so fühl ich immer aufs neue, wie peinlich es ist, mit Personen, mit denen man nur in sittlichem Verhältnis zu stehen wünscht, über ökonomische Gegenstände zu handeln«, schreibt Goethe am 10. Mai 1812 aus Karlsbad an Johann Friedrich Cotta, und noch 166 Jahre später gesteht E. M. Cioran brieflich aus Paris Michael Klett: »Für mich persönlich ist es peinlich, Ihnen über solche Sachen zu schreiben, denn in unseren Gesprächen kommt ein so fürchterliches Wort wie Vertrag nicht besonders öfters vor.«

Einmal davon abgesehen, daß Goethe wie Cioran dann im Verlauf der Verhandlungen sehr wohl ihre fromme Scheu gegenüber dem Verleger zugunsten geschäftlicher Handfestigkeit abzulegen wissen, zeigt sich gerade an diesem Punkt, wie komfortabel die heute übliche Zwischenschaltung eines Agenten ist. Er erspart der Geldbörse des Autors nicht das Abzweigen von Prozenten, jedoch seiner Seele die Pein des Scharwenzelns und Schacherns, also das allzu Konkrete von Markt, Umsatz, Profit und Werbung, von Rechten und Verramschen, Verkaufsstrategien und Konkurrenz. Aber ist aufgrund dieser hygienischen Arbeitsteilung und Abteilungsarbeit der Kontakt zwischen dem modernen Autor und seinem Verleger etwa wesentlicher, inspirierter geworden?

In unnachahmlich graziöser Weise läßt sich am 28. September 1812 Jean Paul – eine Anmut, die übrigens auch die Artikulation von Geldproblemen des finanziell jederzeit schlecht Dastehenden auszeichnet und die geradezu betörend wird in seinem fürsorglichen Schlußwunsch, Gott möge geben, daß die Buchhändler den (wie Jean Paul wissen wird: recht wohlhabenden) Verleger bezahlen – über einzeln aufgelistete Druckfehler (!) unmittelbar bei Cotta höchstpersönlich aus: »Ich flehe Sie aber ordentlich an, daß Sie meine *sieben Bitten* an den Setzer zu Ihren sieben

Befehlen machen.«

Die für Jean Paul symptomatischen Höflichkeiten gegenüber Cotta legen die Vermutung nahe, gerade das Erörtern solcher »fürchterlichen« Banalitäten könnte ganz allgemein die spezifische, ja unerläßliche Würze im Verhältnis Autor-Verleger sein. Trotz der damit verbundenen Gefahr von Enttäuschung, Verdächtigung, Kränkung, macht nicht das einseitig Schöngeistige, sondern ein keinesfalls anstrengungsloses Ausbalancieren, ein immer wieder neues Bewerkstelligen des gelegentlich zu entgleisen drohenden Gleichgewichts zwischen dem unvermeidlichen Trivialen und dem Ideal einer Einheit unter dem Signum des Ästhetischen die charakteristische, heikle und gerade deshalb für den Leser erhellend nachzuvollziehende Dynamik dieser zumindest unterschwellig nervösen Beziehung aus.

Empfindlichkeiten auf beiden Seiten wären nämlich gar nicht denkbar, wenn es hier auf eine reine Geschäftskooperation ankäme. Offenbar existiert ein wechselseitiges Idealbild, und es läßt sich, was die Vergangenheit betrifft, kaum präziser ausdrücken, als in Kleists Bekenntnis, er suche jemanden »dem, das Interesse der Kunst selbst am Herzen liegt«. Die Gegenleistung liefert er gleich mit. Er sei in diesem Fall »erbötig, Ew. Wohlgeb. Die Bestimmung des Honorars gänzlich zu überlassen« (7. Juni 1808). Hochherziger kann es nicht zugehen. Aber Cotta ließ sich in Sachen Noblesse durchaus nicht lumpen. Souverän hielt er mit – er konnte es sich leisten, er leistete es sich – und das nicht nur gegenüber Schiller, dem er versicherte, bei Schriftstellern wie ihm könne das Honorar nie ein Äquivalent für die Arbeit sein!

Das sind zweifellos beglückende bilaterale Höhenflüge, die sich in der Praxis nicht immer durchhalten lassen. Natürlich wünscht sich ein Autor, um dessen zentralen Lebensimpetus es schließlich bei dem entstehenden Werk geht, von seinem Verleger neben der Tugend der Begeisterungsfähigkeit auch die der Vernunft. Nicht nur Sensibilität, sondern auch Vitalität. Neben der »wagenden Kraft« das Geschick, Bücher tatsächlich zum (möglichst großen, auch kommerziellen) Erfolg zu führen und die Potenz, ihren Verfasser angemessen zu bezahlen. Er erwartet von ihm Standhaftigkeit gegenüber der Welt, falls sie mit Zensur, schlechten Besprechungen oder geringer Nachfrage reagiert. Er möchte voraussetzen können, daß der Verleger tröstend und eventuell mit väterlicher Treue an ihn glaubt. Sein liebstes Kind will er sein und doch in einem Verlag zuhause, der ihm das Renommee eines Umfeldes großer Namen bietet. Er erhofft die persönliche Anteilnahme eines Verbündeten und absolute Freiheit, auch gegenüber wohlmeinendem Rat.

Am besten gefiele ihm die Quadratur des Kreises.

Die schöne Utopie dieser Beziehung wäre wirkliche Freundschaft. Und eben das, eine Utopie, sollte sie auch bleiben! Denn sind große Nähe und Privatheit tatsächlich so erstrebenswert zwischen Verleger und Autor? Ist die in vielen der folgenden Briefe kunstvoll gepflegte freundschaftliche Distanz nicht besser geeignet, auf die prekären

Wechselfälle der Branche zivil und gelassen zu reagieren? Die Gefahr, bei einem nie auszuschließenden Mißerfolg samt Mißverständnissen, dem anderen Versagen, womöglich Verrat vorzuwerfen, kann die beiden Geschäftspartner, die sie selbst im Zustand des Enthusiasmus bleiben werden, schnell zu verletzten Gegnern machen. Oft ist dann das Recht, vor allem psychologisch gesehen, nicht nur auf einer Seite.

Der Klartext aber, der latent auch durch die herzlichst gehaltenen Briefe schimmert und zu dem man dann ohne Schnörkel findet, wenn die Realität ihre Forderungen stellt, lautet: Es existiert eine Hierarchie, und die wird bestimmt von dem, der die Macht und das Geld für die Publikation hat! Das ist die Basis, aufreizend vielleicht, aber was hilft's. Auch fragt sich sehr, ob irgendein Schriftsteller zu einem Verleger, der diesen Tatbestand leugnete, dauerhaft Vertrauen hätte. Wie nämlich sollte dieser sonst das Werk von jenem in einer rüden Welt schützen können? Was den Autoren begreiflicherweise nicht paßt, ist der Umstand, daß (gegebenenfalls) der Verleger seine eigenen Überzeugungen und Interessen ihnen, den Literaturproduzenten gegenüber durchzusetzen beabsichtigt.

Spätestens hier muß betont werden, wie prägnant sich die Individualität der Autoren und ihrer Verleger bemerkbar macht, auch innerhalb einer Epoche, zudem abhängig von der jeweiligen Lebenssituation des Einzelnen. Einer der Hauptreize der Sammlung besteht sicher darin, zu verfolgen, mit welch hohem stilistischen Aufwand bis hin zur Verbrämung der eine, und wie barsch pragmatisch der andere seine finanziellen Vorstellungen artikuliert, aus der

Rolle fallend und in eine Pose flüchtend; wie mit den römischen Sonnenuntergängen von Waiblinger zugleich die akute Geldnot aufgeht; wie Schiller unbedingt die hohe Moral seiner Lebenseinstellung auch im Monetären einzuhalten gedenkt, Goethe dagegen durch Eckermann unumwunden mit der Konkurrenz droht.

Noch aufschlußreicher wird es bei den hin und wieder auftauchenden Fragen der Zensur oder des Boykotts etwa anläßlich gewisser Ereignisse um die Zeitschriften »Morgenblatt« zur Cotta-Zeit und »Merkur«. Man darf vermuten, daß der Briefwechsel zwischen Verleger und Autor heftiger ausgefallen ist, als hier dokumentiert, daß man auf beiden Seiten eskalierte, beschwichtigte, sich kurz entblößte und wieder formvollendet wurde. Überhaupt ist es eben doch am schönsten für den Leser, wenn es ein bißchen kracht, wenn es sehr subjektiv, stürmisch und zornig auf der Folie von Zeitgeschichte wird. So, als sich Hartmut von Hentig im Herbst 1983, während er sich zum eventuellen »Martyrium« bereit macht (gemeint ist die Sitzblockade vor der Carl-Schurz-Kaserne in Bremerhaven), entrüstet gegen die indirekten Abmahnungen Ernst Kletts verwahrt.

Die Geld- und Machtverhältnisse stehen unterdessen, mal laut, mal leise im Hintergrund und dabei eher außer Frage.

Und doch existiert in dieser spezifischen Liaison ein Element, das ihre Machtproportionen manchmal, zumindest insgeheim, auf den Kopf stellt: die Freiheit von Geist und Kunst.

Sie ist, so er sie hat und hütet, unveräußerlicher, unantastbarer (obschon verstümmelbarer) Besitz des aus Bedürftigkeit oder ausbleibendem Erfolg zu Demut gezwungenen Autors, seine verborgene Unabhängigkeit, seine Ehre, sein Stolz, sein schöpferisches Selbstbewußtsein, sogar da, wo er Kompromisse schließen muß, solange er

die Vision seiner Arbeit nicht verliert. Geht die perdu, taugt auch der Rest nichts mehr. Geburt und Gedeihen seines Werks sind das, was ihn am allermeisten beschäftigt, mehr als Geldbeutel, Herz, Seele, Hirn des Verlegers. Man glaubt es hin und wieder als kaum greifbar hochmütigen Vorbehalt auch feurigen Zuneigungsbezeugungen anzumerken.

Wollte man unterstellen, daß selbst der geduldigste und großzügigste Verleger letztlich, alles Schöngerede beiseite, am Autor vor allem den sich möglichst auch materiell niederschlagenden Erfolg respektiert, so muß man von der Autorenseite, wenn es hart auf hart kommt, ähnlich brutal reduzierend sagen: Der Verleger hat für ihn die Funktion, sein Werk ans Licht der Welt zu befördern, es dort zu verankern und das hoffentlich verbunden mit der Ausschüttung einer lebenserhaltenden oder gar komfortermöglichenden Geldsumme. Basta! Die Chance zur Treulosigkeit haben bei Unzufriedenheit beide. Allerdings stehen in der Regel die Autoren beim Verleger und nicht die Verlage beim Autor Schlange. Das wissen beide, obschon sie gelegentlich aus Höflichkeit oder Taktik so tun, als wüßten sie's nicht. Es ändert nichts am Grundsätzlichen.

Das Wort ›Kunst‹, das Kleist noch leicht aus der Feder floß, ist wie das Wort ›Form‹ fast ganz aus der Mode gekommen, wenn man von Büchern, von Literatur spricht. Auch die Autoren reden inzwischen lieber, und nicht nur notgedrungen, sondern weil es unverfänglicher und kommunikativer ist, vom Faktischen, vom Geld oder allenfalls vom Wein. Eine Frage des Stils! Schließlich möchte niemand als Ästhet oder Feingeist dastehen, dann schon lieber als handfester Bittsteller bei der richtigen Adresse. Man sollte aber, und hat hier reiche Möglichkeit dazu, vergleichend genau hinhören und sich nicht täuschen lassen. Dort, wo die brieflichen Äußerungen uns jenseits von Zeitkolorit oder sympathischem Klatsch fesseln und über das Menschliche längst vergangener, im besten Fall exemplarischer Verleger- und Autorensorgen hinaus berühren, geht es subkutan um jenes meist verschwiegene, ihren Bund allein erst beflügelnde, manchmal sogar adelnde: Dritte.

Brigitte Kronauer

»Wenn ein Mann wie Sie ...«

Freundschaft und Konflikte mit dem Verleger

Georg Christoph Lichtenberg an Johann Friedrich Cotta, 18. 09. 1795

Cotta hatte Lichtenberg in einem Brief vom 20. 7. 1795 um Mitarbeit bei der Zeitschrift »Flora« und den »Horen« gebeten. Nachdem dieser zunächst ablehnte, hatte er seine Anfrage in einem Schreiben vom 25. 1. 1796 erneuert.

Wohlgeborener,
hochzuverehrender Herr,
Nun fürwahr kein Wunder, wenn ein Mann von solcher eingreifenden Beredsamkeit wie Sie einen solchen Verlag hat. Wahrlich es hat nicht viel gefehlt, so hätte ich, während ich Ihren so sehr verbindlichen Brief las, anfangen zu glauben: ich sei wirklich etwas in der Welt; ein Gedanke, der mir noch nie so recht in den Sinn gewollt hat.

Nein, wertester Herr, Sie urteilen viel viel zu gütig von meinen Produkten. Ohne alle Ziererei gesprochen, die ich hasse: wenn ich mich nur im mindesten fähig fühlte in der Gesellschaft der Herausgeber der Horen auf eine nicht allzusehr abstechende Weise zu erscheinen, so wollte ich gern zu Diensten sein. Ueber das nimmt meine Neigung zu schreiben, die ohnehin nie sehr groß gewesen ist, fast mit jedem Tage ab, und ich werde immer mehr und mehr ein bloßer Leser im strengsten Verstand. Das wenige, was ich noch zuweilen schreibe, geschieht bloß meinen Topf im Kochen zu erhalten, daher es denn auch nicht selten so ausfällt, daß es sich besser damit Feuer anmachen als daraus lernen läßt. Das ist die Geschichte des Taschenkalenders, der mein Hauszins ist, und des Hogarth, den die hohen Fruchtpreise erzeugt haben. Sollten, wovor uns der Himmel behüten wolle, die Franzosen ins Land kommen, so könnte es sein, daß ich wieder etwas Papiergeld verfertigte, sonst schwerlich ...

Für Ew. Wohlgeboren Gesinnungen gegen mich, selbst als Vorurteil betrachtet, sage ich Ihnen indessen verbindlichsten Dank, da ich die Ehre habe mit wahrer Hochachtung zu verharrn

Ew. Wohlgeboren gehorsamer Diener

G. Ch. Lichtenberg.

Johann Wolfgang von Goethe an Johann Friedrich Cotta, 19. 09. 1797

Goethe war in der ersten Hälfte September 1797 zu Besuch bei Cotta in Tübingen. Von dort hatte er an Schiller geschrieben: »Je näher ich Herrn Cotta kennen lerne, desto besser gefällt er mir.«

Zürich d. 19. Sept. 1797

In der Erinnerung Ihrer gefälligen Aufnahme und so mannigfaltiger angenehmen und nützlichen Unterhaltung, nicht weniger in dem Genuß Ihrer Vorsorge, die sich auch auf meine Reise erstreckte, bin ich glücklich in Zürich angelangt, nachdem ich einen Tag dem Rheinfall gewidmet hatte, bei dessen wiederholter Beschauung mich morgends und abends das Wetter höchlich begünstigte.

Mit Herrn Kolb bin ich recht wohl zufrieden, er hat die |23 Behaglichkeit und den Leichtsinn eines geborenen akademischen Pferdephilisters, bessere Qualitäten kann man sich auf der Reise von einem Schwager nicht wünschen. Wenn er Ihnen ein rotes Portefeuille überreicht, so haben Sie die Güte ihm einen großen Taler zu geben, es ist unterwegs bei Schömberg verloren worden. Glücklicherweise ist es nicht von solcher Bedeutung als das des Herrn von Antraigues, indessen, da es doch meine Reiserechnung enthält, die mir wegen der Erinnerung interessant ist, so habe ich gedachten kleinen Preis auf den Fund gesetzt. Sollten Sie es erhalten, so haben Sie die Güte es bei sich aufzuheben und die Auslage zu dem übrigen zu notieren, wegen dessen ich mich schon als Schuldner bekenne. Nehmen Sie nochmals meinen besten Dank und empfehlen mich Ihrer lieben Gattin, die ich nochmals um Verzeihung bitte daß ich ihren häuslichen Kreis so lange gestört habe.

Empfehlen Sie mich auch den übrigen Herren, die mich so gefällig aufgenommen. Von Stäfa aus hoffe ich mehr zu sagen. Diesmal nur noch ein Lebewohl.

Robert Boehringer an Michael Klett, 1964

Genf Drei Könige 1964

Lieber Herr Klett,
vielleicht gehören Sie zu Denen, die von Mund zu Ohr aufnehmen wie die Alten, etwa im Gespräch am Ilissos. Auch ich hörte das Beste von älteren Freunden, und früh schon lernte ich im Tätigsein. Nicht immer geht der Weg über die Schrift.

Wie kommen Sie nur dazu Philosophie studieren zu wollen? Am 7. Januar 1795 schrieb Schiller an Goethe: »Soviel ist indes gewiss, der Dichter ist der einzige wahre Mensch, und der beste Philosoph ist nur eine Karikatur gegen ihn.« Auch ich plagte mich mit diesem Studium, bis ich merkte, dass ich kein ›philosophischer Kopf‹ bin.

Vielleicht könnte ich ihnen raten, wenn ich Sie besser kennte; aber dafür habe ich Sie zu wenig gesehen. Wenn Theater spielen Sie freut, so tun Sie's doch; es wird Ihnen gehen wie Wilhelm Meister.

Haben Sie George's Dante-Übertragungen zu Weihnachten bekommen? Oder war das Buch nicht zu finden? Am besten wäre, Sie schrieben sich die Gesänge ab, die Sie lieben. Und lesen Sie sie auch in der Ursprache, lernen Sie Italienisch dafür: es lohnt.

Herzlich der Ihre
Robert Boehringer

Friedrich Schiller an Johann Friedrich Cotta, 29.05.1798

Bei dem Werk, welches Schiller in diesem Brief ankündigt, handelt es sich um die von 1798 an erschienene Zeitschrift »Propyläen«. | 25

Jena 29. Mai 1798

Ich hoffe und wünsche, werter Freund, daß dieser Brief Sie in dem Kreis der Ihrigen glücklich angelangt finden wird. Noch erinnere ich mich des Tages, den Sie uns hier geschenkt, mit Freuden, und der neue Beweis Ihrer Freundschaft und Liebe für mich und meine Familie, den Sie mir noch auf Ihrer Reise selbst gegeben, hat mich innig gerührt. Ich zweifle keinen Augenblick, daß unser Verhältnis, das anfangs bloß durch ein gemeinschaftliches äußres Interesse veranlaßt wurde, und bei näherer Bekanntschaft eine so schöne und edle Wendung nahm, unzerstörbar bestehen wird. Wir kennen einander nun beide gegenseitig, jeder weiß daß es der eine herzlich und schwäbisch-bieder mit dem andern meint und unser Vertrauen ist auf eine wechselseitige Hochschätzung gegründet: die höchste Sicherheit, deren ein menschliches Verhältnis bedarf.

Nun zu einer dringenden Geschäftsache. Goethe schickt Ihnen hier das Schema von dem Werk, das er herausgeben will. Sie ersehen daraus, wie ernstlich und bedeutend die Sache wird, und daß es eine wichtige, auf keinen Fall riskante Unternehmung für Sie werden muß. Eine Art von

Zeitschrift, die Goethe herausgibt, muß einschlagen und muß Ihrem Verlag einen neuen Glanz verschaffen ...

Das Werk wird wahrscheinlich den Titel

Der Künstler

erhalten, und schon dadurch einen weiten Kreis um sich ziehen.

Jetzt bitte ich Sie aber, sich schnell zu resolvieren und mir bald möglichst Nachricht zu geben (in einem ostensibeln Briefe) ob Sie die Vorschläge eingehen wollen. Goethe ist lebhaft für die Sache interessiert und wünscht bald zu wissen wie er daran ist ...

Golo Mann an Ernst Klett, 02.08.1978

Kilchberg am Zürichsee, Alte Landstrasse 39
2. VIII. 1978

Lieber Herr Klett,

im Begriff, nach einem meiner Landgüter zu verreisen – so schrieb nicht Klett, aber Cotta, und zwar an einen *armen* Schriftsteller –, erhalte das Ihrige vom 24. Juli; richtiger wohl, finde es vor und danke dafür. Mittlerweile hat sich, wie Sie zu bemerken nicht verfehlen, auch wieder eine Veränderung in meinem Status ergeben.

Danke für das Büchlein von Reinhold Schneider, ich nehme es nach Berzona mit. Ich wollte, ich könnte zwei Monate ohne Unterbrechung dort bleiben. Kann aber nicht. Jürgen-Ponto-Stiftung. Zwei Sitzungen am 29. August und am 13. September. Der pour le mérite: 2 Sitzungen am 28. August und ich habe vergessen wann im September. Einmal gehe ich auf ein halbes Jahr nach Südamerika. Wie Hindenburg über A. H. sagte, als er noch bei Sinnen war: Den mache ich höchstens zum Postminister; da kann er mich auf den Briefmarken lecken, aber von hinten.

Die Idee der Auszüge aus »Eumeswil« ist gut, aber ich bezweifle sehr, daß der Autor es erlauben wird. In einem Vortrag von F. J. Strauss, den ich in Bad Kreuth hörte, hat er übrigens »Eumeswil« ausführlich zitiert, derart, dass ich doch annehme, er hat's auch gelesen. Die Geschichte mit der Katze, dem Grabstein und der Lilie, ja, das ist schon merkwürdig. Nur dies. Den Linken und Ultralinken hat man von jeher vorgeworfen, dass sie die Menschheit lieben, aber die Menschen nicht. Bei Ihrem Freund ist es umgekehrt. Er liebt einzelne Menschen und einzelne Katzen und Käfer und was noch, aber er liebt die Gesamtheit nicht; vergessend, dass die Gesamtheit ja aus Einzelnen besteht und keineswegs nur aus Ministern und Professoren, auch aus biederen Förstern und schönen Jünglingen und lieben kleinen Kindern und Katzen und Käfern und Bäumen und Blumen auch und dass »die großen Feuerschläge« alledem sehr arg mitspielen würden. Da liegt ein Widerspruch, über den ich gern einmal mit ihm reden würde, wenn es Sinn hätte, aber es hat keinen, denn er weicht dann aus, er liebt es nicht, dass man ihm auf den Zahn fühlt, wer liebt das schon. (...)

Aus Berzona vielleicht wieder mit eigener Hand.

Mit herzlichen Grüssen Ihr

Golo Mann

Friedrich Rückert an Johann Friedrich Cotta, 02.01.1820

28 | Ebern 2. Jan. 1820

Ich habe, um Ihnen endlich zu schreiben, das neue Jahr abgewartet, mir vorspiegelnd, daß es so etwa leichter sein möchte, Sie das vorige Jahr und mein ungezogenes Stillschweigen vergessen zu machen. Ich hoffte von Zeit und Zeit einen ansehlichen Band vortrefflicher Gedichte zusammenzubringen und Ihnen zur Tilgung meiner drükkenden Schuldenlast anzubieten. Die Manuskripte häuften sich auch recht erfreulich, doch es glückte mir nie, den immer fortschwellenden Strom des Machens zu unterbrechen, um etwas druckfertig zu machen. Und in diesem Strudel stecke ich noch immer. Es ist, als wolle meine Feder, die über ein Jahr lang in Italien ganz untätig geruht, nun es ganz gewaltsam wieder einbringen. Aber damit werde ich leider immer meiner Schulden nicht quitt; und da mich hier bis jetzt kein eigenes Lebensbedürfnis zu Erwerb dringt, so wünscht' ich, um nur einen Sporn zu haben, Sie selbst wären ein etwas weniger nachsichtiger Gläubiger und mahnten mich einmal recht ernstlich …

Wilhelm Waiblinger an Johann Friedrich Cotta, 15.09.1826

Waiblinger war 1825 durch seine Verbindung mit Julie Michaelis, der Tochter des Tübinger Professors A. Michaelis, in ein gerichtliches Verfahren verwickelt, nachdem im Hause seiner Geliebten Brand gelegt worden war. Dies und sein ausschweifender Lebensstil gefährdeten seinen guten Ruf vor allem am Tübinger Stift. Cotta unterstützte Waiblingers Reise nach Italien nach seiner Entlassung aus dem Stift finanziell.

Tübingen d. 15. Sept. 1826

Euer Hochgeboren

bringe ich den gerührtesten Dank für die edelmütige Milde, mit der Sie Bedenken getragen, meiner Zukunft eine so bitterlich traurige unglückliche Wendung zu geben. Noch mich kaum von jenem unvergeßlich harten Schlag erholend, der mein blühendstes Glück und den ganzen Bildungsplan in jenem himmlischen Süden auf eine wahrhaft furchtbare Weise zernichten wollte, wage ich mit Wehmut die Frage an Sie zu richten: Ist es Verzeihung, die Sie mir gegeben haben? Diese läge freilich so ganz in der wohlwollenden liebevollen Güte, mit der Sie anfänglich meiner Bitte entgegengekommen sind.

Ich fühle, verehrter Wohltäter, daß ich schweigen muß. Denn selbst die Reue, die klagende Bitte um Vertrauen, die schmerzliche Sprache des Dankes reicht für jetzt nicht hin, gewisse für Ihr großes Herz, sowie ja wahrlich auch für mein empfindendes Gemüt beleidigende Saiten zu vermeiden. Nur das Versprechen nehmen Sie von mir, daß ich alle Kraft und allen Ernst meines Strebens aufbieten werde, nach und nach Ihres Vertrauens wieder würdig zu werden, und je mehr ich durch Ihre Wohltat mein Inneres und die Gabe, die ich der Natur verdanke, auf dieser so allseitig bildenden Wanderung erheitre, erfrische, aufkläre und stähle, mit desto reifern und gediegnern Beweisen für den wohltätigen Erfolg Ihrer zarten Menschenliebe mein dankbares Herz zu bewähren (...).

Robert Spaemann an Michael Klett, 09. 03. 2003

9. März 2003

Lieber Herr Klett,
dass Sie, wie ich, aus Rom zurückgekehrt, erst erfahre, 65 geworden sind, will mir schwer in den Sinn. Gewiss, Erfahrung, Umsicht, eine sichere Hand und sogar Weisheit, die einem nicht in die Wiege gelegt sind, wird so leicht niemand Ihnen absprechen können. Und auch dazu, aus dem eigenen Leben so etwas wie ein Kunstwerk zu machen, gehört Zeit. Und die haben Sie genutzt. Aber wer mit dieser Zahl den Begriff »Rentenalter« verbindet, der kann Ihnen diesen Geburtstag nicht zugestehen. Zwar soll man aufhören, wenn die Leute noch sagen »Was? Wieso geht denn der? » und nicht: »Ach, ist er immer noch da?« Aber bei Ihnen hat man immer noch den Eindruck, Sie wären

gerade erst in die »besten Jahre« gekommen. Ihre Unternehmungen sind weit gespannt, Ihr Verlagshaus trägt mehr als die meisten Ihr persönliches Gepräge und lebt von Ihren Impulsen. »Omnia quaecumque faciet prosperabuntur« – bei diesem Satz muß man unwillkürlich an Sie denken. Dass davon Freude für viele andere ausgeht, hängt zusammen mit der großen Disziplin, ohne die ein solches Leben nicht gelingen kann, vor allem aber mit der Dankbarkeit, nach Ernst Jünger der einzigen Tugend. Und auch damit, dass Sie Schmerz, Enttäuschung, Frustration, erzwungenen Verzicht, von denen vermutlich Ihr Leben nicht ausgenommen ist, nicht als unverdiente Zumutung nehmen sondern als den Tribut, den wir zu zahlen haben. Mors vile pretium vitae. Ich wünsche Ihnen, zusammen mit meiner Frau, von Herzen weiter Kraft zur Freude – nicht »Kraft durch Freude!« – für lange Zeit und uns weiter Ihre Freundschaft und die Ihrer lieben Frau, ohne die man Sie sich schwer vorstellen kann.

Von Herzen Ihr Robert Spaemann

Theodor Fontane an Gustav Schwab, 19. 10. 1839

Gustav Schwab war etwa ab Mitte der 20er Jahre des 19. Jahr-
 hunderts für Cotta tätig.

19. Oktober 1839

Hochgeehrter Herr.

In der Vorrede zu Ihrer Mustersammlung deutscher Gedichte haben Sie, hochverehrter Herr, meiner »Preußischen Feldherrn« in so anerkennender Weise Erwähnung gethan, daß ich den Muth daraus schöpfe Ihre Fürsprache bei jetzt zu veranstaltender Herausgabe meiner Sachen in Anspruch zu nehmen.

Cotta (das gelobte Land der Poëten, das die Meisten sehn, aber nicht erreichen dürfen) ist mir natürlich vor allen durch den Sinn gegangen, und ich möchte hiemit die freilich leichter gethane, wie beantwortete Frage gegen Sie ausgesprochen haben, ob ich mit einiger Aussicht auf Erfolg, mein Manuskript an die genannte Verlagshandlung einsenden könnte?

Heinrich Heine an Georg v. Cotta, 26. 03. 1852

Paris, 26. März 1852. *Freitag*

Hochgeehrter Herr Baron!

Indem ich Sie heute mit einem Gesuche behellige, das Sie gewiß gern erfüllen werden, benutze ich diese Gelegenheit, mein Andenken in Ihrem Gedächtnisse aufzufrischen. Dieses macht mir ein wahres Vergnügen, denn Sie sind ja der Sohn meines alten vielgeliebten Cotta. Durch meinen körperlichen Zustand abgesperrt von den Genüssen der Außenwelt, suche ich jetzt Ersatz in der träumerischen Süße der Erinnerungen, und mein Leben ist nur ein Zurückgrübeln in die Vergangenheit: da tritt oft vor meine Seele das Bild Ihres seligen Vaters, des wackern würdigen Mannes, der mit der vielseitigsten deutschen Ausbildung einen in Deutschland seltenen praktischen Sinn verband, der so brav und so ehrenfest war, auch so höflich, ja hofmännisch höflich, so vorurtheilsfrei, so weitsichtig, und der bei seinen großen Verdiensten um die geistigen wie materiellen Interessen des Vaterlandes, dennoch von einer so rührenden Bescheidenheit war, wie man sie nur bei alten braven Soldaten zu finden pflegt. Das war ein Mann, der hatte die Hand über die ganze Welt! so ungefähr, glaube ich, äußert sich der Schneider Jetter über Carl V in Göthes Egmont. (...)

Empfangen Sie die Versicherung der ausgezeichneten Hochachtung

Ihres ergebenen

Heinrich Heine.

50, rue d'Amsterdam.

Ludwig Börne an Johann Friedrich v. Cotta, 02.05.1826

 Der Brief bezieht sich auf den Umstand, dass Cotta sich unternehmerisch in der Dampfschifffahrt engagierte.

Rüdesheim, d. 2. Mai 1826

Ew. Hochwohlgeb.
beehre ich mich, beiliegenden Aufsatz für das Morgenblatt zu überschicken.

Ich wohne schon 6 Wochen hier am Rhein und warte mit Sehnsucht auf das erste Dampfschiff, um die Fahrt mitzumachen und feierlich zu beschreiben. Aber es ist bis jetzt noch keines erschienen. Sie würden mich sehr verbinden, wenn Sie mich wissen ließen, ob und wann eins vorbeikommt …

Brigitte Kronauer an Michael Klett, 30.04.2004

30.4.04

Lieber Herr Klett,
so, nun habe ich, nach zweimaligem Durchsehen der Fahnen, auch Ihre Korrekturen/Bemerkungen eingearbeitet. Ich danke Ihnen sehr herzlich dafür, daß Sie sich auch diesmal wieder die Mühe gemacht haben! Einige mir wichtige Dinge sind dabei zutage befördert worden, so daß ich hoffe, nun an den fraglichen Stellen klarer formuliert

zu haben. Das Fabiola-Satz-Ungetüm habe ich gemäßigt, obschon es natürlich durchaus das, ein Monstrum, sein sollte.

Kurtz: In der Erzählung wird dessen Herkunft (die der Kunstgestalt), ja als viertel französisch, viertel englisch angegeben. Ich vermute, Sie sind von einem der Vorbilder, nämlich Georges Antoine Klein ausgegangen? Für mich selbst war das tz in Kurtz ein[e] Überpointierung des Deutschen. Ich hab's im Roman jetzt umschifft.

»Flehmen«. Aber, Herr Klett, das *muß* bleiben! Es ist die halbironische Version des Leitmotivs Sehnsucht, das ja den ganzen Roman von Anfang bis Ende durchzieht (einschließlich Libretto).

Nochmals danken möchte ich für die schöne Ausgabe der »Memoiren des Herzogs von Saint-Simon«! Mein Mann hat längst damit begonnen und ist sehr angetan davon. Ich werde ihm den 1. Band jetzt entreißen.

»Die Arbeiter des Meeres«, deren Neuausgabe von 2003 in keiner einzigen Tageszeitung besprochen worden ist, sind nun kurz hintereinander in der FAZ und in der SZ (dort von mir) rezensiert worden. In beiden Fällen natürlich huldigend, wie es sich gehört. Darf ich zum Schluß noch eine heiße Empfehlung abgeben? Die Essays von Marie-Luise Scherer: »Der Akkordeonspieler« (Die andere Bibliothek, 04). Großartig!

Aus dem Hamburger Frühling grüßt Sie herzlich
Ihre
Brigitte Kronauer
mit vielen Grüßen auch bitte an Ihre Frau Sängerin

Ludwig Börne an Johann Friedrich v. Cotta, 31.10.1827

Börne hatte sich den Unmut Cottas zugezogen, weil er ver-
36| sprochene Beiträge für das« Morgenblatt« nicht abgeliefert hatte, derweil aber in anderen Verlagen publizierte.

Frankfurt, d. 31. Okt. 1827

Ew. Hochwohlgeb.
Haben mich durch Ihr geehrtes Schreiben vom 27. August von einer großen Angst befreit. Ich fühle mich so leicht wie ein Sünder, dem man die Absolution erteilt hat. Doch halte ich mich bloß meiner juridischen Schuld entledigt, im Herzen aber bleibe ich Ihnen noch lange verpflichtet, und ich werde jede Gelegenheit benutzen, mich Ihnen dankbar zu bezeigen. [*Im Entwurf, gestrichen*: Es ist nur schlimm, daß ich zu metaphysischen Betrachtungen weder Lust noch Talent habe, aber das Leben in Deutschland gar keinen Stoff darbietet. Besonders übt Frankfurt, der Sitz der Bundesversammlung, eine geisteinschläfernde Kraft, der nur solche widerstehen können, die keinen Geist haben.]

Ich freue mich sehr, daß Sie geneigt sind, meine vermischte Schriften in Verlag zu nehmen. Von meinem anfänglichen Vorsatze, Subskriptionen zu sammeln, haben mich meine Freunde wieder abgebracht. Sie sagten mir, das sei in Deutschland nicht recht schicklich und eigentlich nicht ausführbar, und es bliebe dieses besser der Konvenienz des Verlegers überlassen. Ich nehme mir daher die Freiheit, Ihnen folgende Vorschläge zu machen. Ich überlasse Ihnen die Sammlung, die wenigstens aus 60 Druckbogen bestehen wird, bis zum Absatze von 4000 Exemplaren, die Sie auf einmal oder in einer beliebigen Zahl von Auflagen drucken lassen mögen. Dafür bedinge ich mir für den Bogen 10 Karolin. Ich werde Ihnen den ersten Band schicken, sobald Sie es wünschen, und das übrige im Verlaufe dieses Winters.

Ihrer geneigten Antwort entgegensehend verbleibe ich mit ausgezeichneter Hochachtung

Ihr ganz ergebener

Dr. Börne

Javier Marías an Michael Klett, 28. 04. 1997

Md, 28 April 1997

Dear Mr. Klett,

Thank you for your note, that I have found on my return from England.

To me it was a very pleasant evening too when you were here, and I am glad to know it was not impaired by our last bit of conversation. When you say that I added a »completely new« reason for the difficulties between authors and publishers, I hope you did well understand that I was only conjecturing: I may well not be right in my appreciations of others' psychologies. The only thing I am sure in that conflict is that I did my best not to have it.

Please thank your wife again for her recording that I very much loved. She is excellent, I think.

I enclose the CD I finally managed to get for you. I hope you may enjoy it.

All the best,

Javier Marias.

Horst Janssen an Michael Klett, 13. 08. 1984

13. 08. 1984

herrlicher Tag!
Sie Ire
presslufthämmer
rund ums Haus.
die Sonne knallt
mein Puls klopf gleichmässig.
ich liebe Sie. Ihr H⊢

hyroglyphen grüss
zu Gertrud!

»Ich fürchte, Goethe läßt seinen Faust ganz liegen …«

Um die großen Werke

Friedrich Schiller an Johann Friedrich Cotta, 09.03.1795

den 9. März 1795

... Hölderlin hat einen kleinen Roman, *Hyperion*, davon in dem vorletzten Stück der Thalia etwas eingerückt ist, unter der Feder. Der erste Theil, der etwa 12 Bogen betragen wird, wird in einigen Monaten fertig. Es wäre mir gar lieb, wenn Sie ihn in Verlag nehmen wollten. Er hat recht viel genialisches, und ich hoffe auch noch einigen Einfluß darauf zu haben. Ich rechne überhaupt auf Hölderlin für die Horen in Zukunft, denn er ist sehr fleißig und an Talent fehlt es ihm gar nicht, einmal in der litterarischen Welt etwas rechtes zu werden (...)

Leben Sie recht wohl und erfreuen mich immer mit der Nachricht wie bißher, daß Sie mit dem Gang der Horen zufrieden seyen.

Ganz der Ihrige

Sch.

Friedrich Hölderlin an Johann Friedrich Cotta, 15.05.1796

Frankfurt, den 15. Mai 1796

Ihre gütige Zuschrift hat mich bestimmt, den *Hyperion* noch einmal vorzunehmen und das Ganze in Einen Band zusammenzudrängen; es war, indeß ich Ihnen das Manuskript geschickt habe, dieser Wunsch einigemal in mir entstanden; die Verzögerung des Drucks und Ihre Aeußerung über die Ausdehnung des Werks waren mir also keineswegs unangemessen; natürlich muß ich nun aber auch den Anfang, den Sie schon haben, abkürzen, um ein Verhältnis in die Teile zu bringen; ich muß Sie daher bitten, mir das Manuskript so bald möglich zu schicken, weil mein Konzept mir zum Teil verloren gegangen ist. Ich schicke es Ihnen nach einigen Wochen sicher zurück, und in ungefähr zwei Monaten auch das Uebrige. Wollen Sie mir für die neue Mühe die Freude machen und das Buch überhaupt auf Schreibpapier und mit sauberen lateinischen Lettern drucken lassen, so würd' ich Ihnen recht sehr danken. Ich habe die sichere Hoffnung, daß Ihnen die Sache nicht ganz liegen bleibt, wenn ich anders von den einzelnen Urteilen, die mir über ein Fragment des Buchs, das noch in der Thalia eingerückt ist, zu Ohren gekommen sind, auf die Aufnahme des Publikums überhaupt schließen darf. Haben Sie die Güte, mir das, was ich Ihnen für die überschickten Teile des Plutarch schuldig bin, wie das vorigen Sommer empfangene Karolin vom Ganzen abzuziehen, und dieses unter der bekannten Adresse nach Nürtingen zu schicken. Ich bin mit aller Hochachtung

Ihr ergebenster Diener

M. Hölderlin

Johann Wolfgang von Goethe an Johann Friedrich Cotta, 27.05.1798

Das Werk, dessen Plan hier ausgeführt wird, erschien ab 1797 als Zeitschrift unter dem Titel »Propyläen«.

Jena am 27. Mai 1798

Das Werk, welches wir herauszugeben gedenken, enthält Betrachtungen harmonierender Freunde über *Natur* und *Kunst*.

Was aus *Naturgeschichte* und *Naturlehre* ausgehoben wird, soll, dem Gegenstand und der Behandlung nach, vorzüglich von der Art sein, daß es für den bildenden Künstler brauchbar und zu seinen Zwecken, wenigstens in der Folge, anwendbar werde; unter *Kunst* wird für die erste Zeit vorzüglich die bildende verstanden, über deren Theorie, Ausübung und Geschichte manches vorrätig liegt; doch wird man die Kunst im allgemeinen jederzeit im Auge haben, daß, wenn nach unserm Wunsche sich auch Freunde der Dichtkunst und Musik anschließen, sie, was die Grundlagen betrifft, genugsame Vorarbeit finden sollen.

Man kann sich nicht verbinden ein sogenanntes Lesebuch zu liefern, aber ein lesbares, kultivierten Personen willkommenes Werk, das vorbereiten, wirken und nützen soll, gedenkt man zu stellen. Indessen soll an der Form des Vortrags nichts versäumt werden, so wenig es an Artikeln vom allgemeinsten Interesse fehlen soll.

44 | Für acht Stücke ist gegenwärtig Vorrat, der nur mehr oder weniger durchgearbeitet und redigiert werden muß. Könnte Herr Hofrat Schiller zum dritten oder vierten Stücke etwas auf Poesie Bezügliches ausarbeiten, so würde dadurch das Unternehmen sehr gewinnen, auch die Dauer sowie die weite Ausdehnung desselben außer Zweifel gesetzt werden.

Friedrich Schiller an Johann Friedrich Cotta, 24. 03. 1800

Weimar 24. März 1800

Ich kann endlich einmal wieder die Feder ergreifen, teurer Freund, um Ihnen für Ihren herzlichen Anteil an meiner Krankheit zu danken, und die Nachricht von meiner Besserung selbst zu geben. Es geht zwar sehr langsam mit der Erholung, ich kann nur mit Mühe die Treppen steigen, und der Husten dauert noch anhaltend fort; leider war ich sehr hart angegriffen, denn die lange traurige Krankheit meiner Frau hatte meine Gesundheit sehr untergraben. Dieser Winter wird uns lange im Andenken bleiben fürchte ich. Mit Sehnsucht erwarte ich den Frühling …

Nun noch einen guten Rat. Ich fürchte, Goethe läßt seinen Faust, an dem schon so viel gemacht ist, ganz liegen,

wenn er nicht von außen und durch anlockende Offerten veranlaßt wird, sich noch einmal an diese große Arbeit zu machen und sie zu vollenden. Der Faust wird, wie er mir sagte, wenn er vollendet ist zwei beträchtliche Bände, über 2 Alphabete betragen. Er rechnet freilich auf einen großen |45
Profit, weil er weiß, daß man in Deutschland auf dieses Werk sehr gespannt ist. Sie können ihn, das bin ich überzeugt, durch glänzende Anerbietungen dahin bringen, dieses Werk in diesem Sommer auszuarbeiten. Berechnen Sie sich nun mit sich selbst, wieviel Sie glauben an so eine Unternehmung wagen zu können und schreiben alsdann an ihn. Er fordert nicht gern und läßt sich lieber Vorschläge tun, auch akkordiert er lieber ins Ganze als bogenweis …

Mme. de Staël an Johann Friedrich Cotta, 26. 02. 1807

le 26 février 1807

Si j'ai tardé quelque temps à vous répondre, Monsieur, c'est que je me suis occupée d'un voyage-roman en Italie il vient d'être terminé, et d'un côté Mr. Frédéric Schlegel vous en offrira je crois la traduction, et je prierai Mr. Wilhelm Schlegel de vous en envoyer l'extrait. C'est tout ce que je puis faire dans ce moment. Quand je serai hors de ce travail, si je puis je vous enverrai quelques morceaux pour votre journal francais – je serai charmée d'une occasion de vous être utile et agréable.

J'ai l'honneur d'être votre très humble et très obéissante servante

Necker Staël de Holstein.

Ernst Jünger an Ernst Klett, 17. 01. 1949

Ravensburg
Wilhelm-Hauff-Straße 18
17. 1. 49

Sehr geehrter Herr Klett,
Immer noch habe ich mich bei Ihnen für die freundliche Übersendung der Schulbücher zu bedanken, die uns aus der Verlegenheit zog.

Meine Publikationsangelegenheiten klärten sich inzwischen, da die französische Militär=Regierung den Druck meiner Bücher freigegeben hat. Das bestätigt meine Auffassung, daß diese Nation, wenigstens in geistigen Dingen, immer noch, vergleichsmäßig die angenehmste ist. Auf diese Weise beendet sich ein geistiges Gefecht, denn um ein solches handelte es sich wohl, nach vierjähriger Dauer, und vor allem, was mir das Wichtigste ist, ohne Konzession.

Auch Ihren an sich angenehmen Gedanken einer ungezwungenen Zusammenkunft an einem schönen Orte habe ich mir durch den Kopf gehen lassen. Auf alle Fälle könnte er ja nichts schaden. Ich schreibe in diesen Tagen zunächst an zwei mir nahestehende Herren, um Ihre Meinung einzu-

holen. Ganz vertraulich, da ich darüber noch nicht sprach und auch die Meinung einiger der Genannten nicht kenne, möchte ich sagen, dass eine Einladungsliste etwa folgendermaßen aussehen könnte: Heidegger, Heisenberg, Gerhard Nebel, Friedrich Georg und Ernst Jünger. Alle sind |47
mir persönlich bekannt.

Ich möchte freilich gleich dazu sagen, daß die Angelegenheit sehr schwierig ist, und daß sie vorläufig unter uns beiden bleiben muß. Auch müßte man ja erst die schöne Witterung abwarten. Überlingen erscheint mir aus vielen Gründen als ein ins Auge zu fassender Ort.

Mit den besten Wünschen Ihr

Ernst Jünger

Heinrich v. Kleist
an Johann Friedrich Cotta, 07. 06. 1808

Dresden, 7. Juni 1808. Di.

Ew. Wohlgebohren

nehme ich mir die Freiheit, in Betreff einiger Manuscripte, die ich vorräthig liegen habe, folgende Vorschläge zu machen.

1) Ob dieselben das Trauerspiel: *Penthesilea*, in Verlag nehmen wollen, wovon, um Ursachen, die hier zu weitläufig auseinander zu setzen sind, bereits 7 Bogen gedruckt sind. Dieser Druck der ersten Bogen schreckt die HE. Buchhändler ab, das Werk anders, als in Commission, zu über-

nehmen, und gleichwohl setzen mich die großen Kosten, die mir der Phöbus verursacht, außer Stand, im Druck dieses Werks fortzufahren. Da die verspätete Erscheinung der Dramen, wovon der Phöbus Fragmente liefert, diesem
48| Journal in letzter Instanz tödtlich sein würde (indem es nur darauf berechnet ist) so muß ich mich, in dieser Lage, an jemand wenden, dem das Interesse der Kunst selbst am Herzen liegt. Ich bin erbötig, Ew. Wohlgeb. die Bestimmung des Honorars gänzlich zu überlassen und Credit darauf zu geben, bis Ostern 1809, wenn dieselben nur die Druckkosten, nach dem inliegenden Anschlag, übernehmen, und mir, zur Fortsetzung des Werkes, übersenden wollen. Wenn es nicht anders, als in Commission genommen werden kann, so bin ich bereit, auf die Berechnung bis Ostern 1810 Credit zu geben, falls Dieselben mich, durch einen Vorschuß von 150 Rth in den Stand setzen wollen, Ihnen das Werk unverzüglich zu liefern. – Ich erbitte mir auf einen dieser Puncte eine gefällige Antwort.

2) Ob Ew. Wohlgeb. den Verlag eines *Taschenbuchs* übernehmen wollen, wozu ich Denselben jährlich ein Drama im Manuscript, und Zeichnungen von HE. Hartmann, der Scenen daraus darstellen will, überliefern würde. Ich würde, in diesem Jahre, das *Käthchen von Heilbronn* dazu bestimmen, ein Stück, das mehr in die romantische Gattung schlägt, als die übrigen. – Doch auch Eines der andern Stücke, wovon im Phöbus Fragmente erschienen, stehen Ew. Wohlgeboren zu Diensten. – Es wird nächstens noch Eins erscheinen, vielleicht, daß dies Denselben zusagt. Ich erbitte mir über diesen Punct, wenn er angenommen wird, gefällige Vorschläge.

(...) Ich habe die Ehre, mit der vorzüglichsten Hochachtung zu sein,

Ew. Wohlgeboren
ergebenster
Dresden, d 7t Juni 1808.
Heinrich von Kleist
Pirnsche Vorstadt, 123

Heinrich Heine
an Johann Friedrich Cotta, 11. 11. 1828

Florenz den 11. November 1828

Herr Baron!

Ich hoffe, dieser Brief findet Sie ohne Schnupfen, Husten und ähnlichen Freuden, die jetzt in dem Lande, wo die Zitronen blühen, ebenfalls ganz besonders gedeihen und noch wohlfeiler zu haben sind. Ich armer Schelm bin jetzt in der Blüte eines Katarrhs, der es nicht ratsam macht jetzt über die Alpen zu gehen, ich muß wohl hier überwintern und Ihnen schreiben statt Ihnen persönlich aufzuwarten.

Damit Sie aber nicht glauben, ich sei in eine Tänzerin verliebt und bliebe deshalb hier und wäre recht börnisch faul, so habe ich den Anfang meines italienischen Tagebuchs ausgearbeitet, d. h. die starken Worte und Kapitel ausgemerzt, so daß das beikommende Mspt. im Morgenblatte (und zwar recht bald) abgedruckt werden kann.

Ich habe seither in den Bädern von Lukka sehr angenehme Tage verlebt, sowie auch in Livorno. Hier bin ich seit sechs Wochen, warte auf Briefe und studiere schöne Künste, wozu auch das Ballett gehört. Ich mache Sie aber
50| nochmals darauf aufmerksam, daß ich in keine Tänzerin verliebt bin, obgleich sich eine solche Liebe sehr gut mit Schnupfen und Husten verträgt, und ein ebenso großes Unglück ist. Im Gegenteil, ich bin fleißig, schreibe sogar ein Buch, lese Malthus und Bentham, ersinne Strafrechtstheorien usw. Was die Fortsetzung der Annalen betrifft, so weiß ich nicht was ich Ihnen Bestimmtes darüber sagen soll. Wenn Sie den Wunsch hegen sie nicht fallen zu lassen, so habe ich mir gedacht, es sei gut den Titel einigermaßen beizubehalten und nur bequemer zu machen.

»Neue Annalen, eine Zeitschrift für Politik, Literatur und Sittenkunde.«

Dies wäre ein Titel, der dem Redakteur die größte Freiheit ließe, ein Titel, der ihm auch gestattet das belletristische Publikum ins Interesse zu ziehn und diejenigen Materialien, die das Ausland nicht brauchen kann, vollauf zu benutzen. Was die Redaktion betrifft, so gestehe ich Ihnen, daß weder meine politischen Kenntnisse oder vielmehr meine Kenntnis von der Tagespolitik, noch meine Schreibart, mich zum Redakteur eines solchen Journals geeignet machen. Sollten Sie aber dennoch, Herr Baron, ganz besonders wünschen meinen Namen als Redakteur auf den Titel der Annalen zu setzen, so will ich Ihnen darüber meine Gedanken, soweit ich sie selbst kenne, offen mitteilen:

I. Werden immer Ihre Wünsche, wenn ich sie, wie hier der Fall ist, erfüllen kann, mir mehr gelten als Privatrücksichten, und wenn Sie darauf bestehen, so will [ich] gern meinen Namen als Redakteur geben, mit der billigen Bedingung, daß auch Sie etwas für das Journal tun, d. h. ein anständiges Honorar für die Arbeiter aussetzen. (...)

Hoffentlich hat mich Dr. Lindner schon bei Frau v. Cotta hinlänglich entschuldigt, warum ich ihren freundlichen Anforderungen in Betreff des Damenalmanachs nicht Folge geleistet. Ich habe nicht die Courage gehabt dieses direkt zu sagen, gab lieber an Lindner den verdrießlichen Auftrag, und lief fort nach Italien. Mir fehlte wirklich die Zeit, etwas für den Almanach zu schreiben, wenn ich nicht die Badesaison versäumen wollte.

Indem ich mich Ihrer Gewogenheit nochmals empfehle, verharre ich

Herr Baron
Ihr ergebener
H. Heine

Emile M. Cioran an Michael Klett, 29. 08. 1978

Paris den 29. August 1978

Lieber Herr Klett,
Vorige Woche, schon bevor Ihr Telegramm geschickt wurde, habe ich von Dieppe aus, Ihr Hotel, in der rue Madame, angerufen. So wusste ich dass Sie die Reise verschoben haben und so blieb ich am Meer noch einige Tage.

Inzwischen habe ich einen Brief von Ivo Frenzel bekommen. Er wird mich im September in Paris besuchen um die Sendung vorzubereiten. Ich habe ihn gebeten einen Gesprächspartner zu finden, der nicht französisch kann, weil

ich mich immer gelähmt fühle, wenn ich mit jemand deutsch sprechen muss, mit dem ich normalerweise französisch sprechen würde.

Durch Mme Chevallier habe ich erfahren dass Herr Arbogast gefragt hat, ob die Rechte der »Syllogismen« frei wären. Nun muss ich Ihnen offen erzählen, was sich vor einiger Zeit ereignet hat. Ein Freund von mir, Jakob Tauber, Professor an der Universität Berlin, fand mein Essay über Maistre aktuell und hat ihn, zusammen mit den »Syllogismen« für Suhrkamps Taschenausgabe vorgeschlagen. Sie kennen meinen Standpunkt. Ausser der Jugend, ich meine die »marginaux«, und einigen alten Neurotikern, habe ich sehr wenig normale Leser. Nur Leute, die kein Geld oder kein Gleichgewicht besitzen, interessieren sich wirklich für meine Bücher. In Frankreich allerdings, [erst] seitdem sie als livres de poche erschienen sind, werden sie ein wenig bekannt.

Nun muss ich auch hinzufügen, dass man bei Gallimard erstaunt ist, dass [man] seit vier Jahren von der *Tentation d'exister* nichts mehr gehört hat, und das um so mehr als das Buch, nach dem Vertrag, nach zwei Jahren hätte erscheinen sollen.

Für mich persönlich ist es peinlich, Ihnen über solche Sachen zu schreiben, denn in unseren Gesprächen kommt ein so fürchterliches Wort wie Vertrag nicht besonders öfters vor.

Seit Tagen und Tagen habe ich gezögert Ihnen über diese ganze Angelegenheit zu schreiben. Und ich habe mich so viel darüber geplagt, dass ich mich irgendwie schuldlos fühle Sie enttäuscht zu haben.

Mit herzlichen Grüssen

Ihr E M Cioran

Emile M. Cioran an Michael Klett, 17. 09. 1978

Paris den 17. September 1978

Lieber Herr Klett.

Besten Dank für Ihren Brief und für die *sehr* schöne Ausstattung der Bücher. Ich bedauere nur, Ihnen nicht rechtzeitig geschrieben zu haben, dass der Untertitel *Essays* nicht behalten werden sollte, denn das Buch wurde als ein Ganzes geschrieben, während *Essays* setzt etwas Zusammenhangloses voraus. Über die Qualität der Übersetzung (und über die Qualität des Buches selbst) sind die Meinungen so widersprüchlich, dass es mir unmöglich ist eine klare Idee zu machen. Was allerdings klar ist, dass diese »Lehre«, wie vor 25 Jahren, ein Fiasko sein wird. Dasselbe Fiasko haben die zwei Bücher vom Europa Verlag gekannt. Vollständige Ablehnung oder, richtiger gesagt, Interesselosigkeit. Wenn ich mich nicht irre, über den »Nachteil geboren zu sein« gab es in Österreich keine einzige Besprechung. Bei Gallimard war man empört. Die Folgen waren unvermeidlich. Die beiden Bücher wurden zurückgekauft und für eine sehr hohe Summe an Suhrkamp weiterverkauft. Der Erfolg bleibt problematisch, denn was ich schreibe könnte nun in sehr unglücklichen Ländern, wie den Oststaaten, ein Echo finden.

54 | Nachdem Sie mit »Geschichte und Utopie« und »Der Absturz in die Zeit« enttäuschende Erfahrungen gemacht haben, wäre es nicht ein finanzielles Abenteuer gewesen, noch zwei weitere totgeborene Bücher wiederherauszugeben? Um Ihnen die Wahrheit zu sagen, ich glaube an die Zukunft meiner Lebensanschauung, nicht aber an das Schicksal meiner Schriften. Deswegen schreibe ich auch so wenig. Man könnte mir einwenden dass ich einmal gesagt habe dass ich nur nach dem Jüngsten Gericht aktuell sein werde. Was sagt man aber nicht in einem Anfall von Größenwahn?

Mit herzlichen Grüssen
Ihr E M Cioran

Alexander v. Humboldt an Georg v. Cotta, 22. 06. 1833

Paretz bei Potsdam den 22. Juni 1833.

Ich kann Ihnen nicht lebhaft genug ausdrücken, mein Verehrtester, wie sehr mich Ihre Güte beschämt. Ich rüstete mich eben an, zu versuchen, wie ich mich bei Ihnen wegen meines langen Stillschweigens rechtfertigen könnte, als ich Ihren zweiten, so sehr gütigen Brief vom 12. Junius empfing… Nur wer mein Treiben zwischen den gesell-

schaftlichen Pflichten in der Umgebung des Königs, meine
durch meine Lage verursachte Korrespondenz und meinen
regen Eifer, jeden Tag wenigstens etwas für meine literari-
schen Arbeiten zu tun, in der Nähe sieht, wird mich in sol-
chen Fällen verzögerter Antwort entschuldigen. Diese | 55
Nachsicht erbitte ich auch von Ew. Hochwohlgeboren, be-
sonders in dieser letzteren Zeit, wo ich von hier aus lebhaft
den Druck meines Werks: *Examen critique de l'histoire de la géo-
graphie de l'Amérique au 16me siècle* bei Smith und Gide in Paris
betreiben muß ... Wie ernst es mir nun mit der Herausgabe
der »Physischen Weltbeschreibung« unter dem freund-
schaftlichen Schutze Ihres in meiner Familie lang gefeier-
ten Namens ist, kann Ihnen Kanzler Müller sagen, dem ich
selbst einen Teil meines Manuskripts »über Anregungsmit-
tel zum Naturstudium, Landschaftsmalerei, Gartenkultur
exotischer Pflanzenformen und poetische Naturschilde-
rungen« hier vorgelesen. Ich denke an keine Reise nach
Frankreich, Italien oder Spanien (ich meine: an von mir ab-
hängige Reisen), ehe ich nicht Ihr Werk in die Welt ge-
schickt oder wenigstens sehr mit der Herausgabe vor-
gerückt bin. Ich lege, etwas zu selbstgefällig, einen hohen
Wert auf diese Vollendung. Nach dieser Erklärung bitte ich
Sie nun noch einmal recht dringend, sich ja nicht durch
den Kontrakt vom 12. März 1828 binden zu lassen und sich
noch einmal mit den Vertretern Ihres großen Geschäfts
recht frei zu beraten, ob es in Ihrem Interesse sein kann, da
jetzt Deutschlands Sinn auf so viele andere Gegenstände
geheftet ist, mir nach völliger Vollendung des Werks ein so
beträchtliches Honorar (5000 pr. Taler) zu zahlen. Mir ist
das Geld, da ich ohne *alles* Vermögen bin, ob ich gleich

nahe an 100 000 Taler vor meiner amerikanischen Reise besaß, notwendig: ich glaube auch, daß ein solches Werk durch mehrere Auflagen, nach und nach, Sie entschädigen kann, doch zittre ich vor dem Gedanken, dem Sohne mei-

nes verewigten Freundes vielleicht lästig zu fallen. Ich weiß, daß außer Ihrem schönen väterlichen Erbteil Sie durch sich selbst auch reichlich begütert sind; daß also neben Ihren Unternehmungen mit den Goethischen und Schillerschen Erben die »physische Weltbeschreibung« für Sie kein sehr wichtiges pekuniäres Unternehmen sein kann. Doch glaube ich, bei der zarten Art, wie Sie gegen mich gehandelt, gegen den Sohn meines Freundes eine Pflicht zu erfüllen, wenn ich Ihnen die heilige Versicherung gebe, daß eine Entsagung, wenn Sie sie Ihren Geschäften vorteilhafter hielten, in nichts die freundschaftliche Verbindung unter uns stören sollte, ja daß das Publikum selbst durch meine offenste Erklärung erfahren würde, daß keine Art der Entfernung zwischen uns stattfinde. Ich schreibe diese Zeilen nieder, weil ich glaube, es Ihnen schuldig zu sein, aber ganz gegen *mein* Interesse; denn ich stehe in Deutschland ganz ganz isoliert, ohne eine Spur anderseitiger buchhändlerischer Verbindung! Welche andere könnte mir auch angenehmer und ehrenvoller sein, als die Ihrige. Der Zeitpunkt des anfangenden Druckes kann leider erst gegen den Herbst sein. Ich kann nichts gegen das, was meine Lage beschränkt: jetzt häufige Landreisen mit Sr. Majestät, in denen mich freilich das Manuskript und 20–30 Bände in Pappkästen (!!) als mobile Hülfsmittel stets begleiten: Juli und August Badereise nach Böhmen, wohin auch der östreichische Kaiser kommt. (…)

Die hoffentlich sehr partiellen Unruhen Ihres südlichen Deutschlandes werden den Verkehr nicht stören. Mögen nur die Gegenmittel von der Art sein, daß sie das Übel nicht vermehren. Mißtrauen und Verkennung der edlen Gesinnungen des deutschen Volkes können nur feindlich und | 57 reizend wirken.

Jean Améry an Michael Klett, 23.09.19[??]

Hannover [?], 23.9.19[??]

Lieber Herr Michael Klett

Hier ist der abgesprochene Geburtstagsgruss für H. P.,[*] geschrieben in einem Hotelzimmer um 3 Uhr morgens, nach allzu viel Alkohol, Tabak, Schlafmitteln etc. –

Keine Ahnung, ob das (sehr ehrlich gemeinte!) Zeug auch brauchbar ist. Nun, Sie werden sehen, schalten und walten.

Ich denke gerne an unseren schönen Abend in Fkft. und grüsse Sie und Ihre liebenswürdige Frau sehr herzlich, Ihr

Jean Améry

---

* Gemeint ist Hans Paeschke, der Herausgeber der Monatszeitschrift »Merkur«.

Friedrich Hebbel an Georg v. Cotta, 22.12.1856

Wien d. 22. Dez. 1856

58 | Erlauben Sie mir, mein hochverehrter Herr Baron, daß ich meine zwar nur flüchtige Bekanntschaft mit Ihnen benutze, Ihnen einen Geschäfts-Antrag zu machen.

Meine Gedichte, in zwei Sammlungen erschienen und zwar die erste 1842 bei Hoffmann und Campe in Hamburg, die zweite aber 1848 bei Weber in Leipzig, sind bis auf wenige Exemplare vergriffen, und ich beabsichtige, sie jetzt, stark vermehrt und streng verbessert, in einer Gesamtausgabe hervortreten zu lassen.

Herr Campe schreibt mir, jede Buchhandlung müßte mit diesem Unternehmen ein gutes Geschäft machen, denn es handle sich nach seiner Überzeugung um einen bleibenden Artikel, der eine große Zukunft habe. Ich selbst glaube, daß seit lange keine so reichhaltige, alle Töne in sich vereinigende Sammlung hervorgetreten ist und daß der Recensent des Conversations-Lexikons recht hat, wenn er meine Gedichte unbedingt über meine Dramen stellt, wenigstens über diejenigen dieser Dramen, die er kennen konnte, als er über mich schrieb, denn seitdem hat sich einiges verändert. Auf die bloße Überarbeitung habe ich zwei Monate verwandt.

Ich bin nicht um eine Buchhandlung in Verlegenheit. Herr Campe würde das Geschäft gern machen, auch Herr Weber wäre ohne Zweifel, wenn ich es auch nicht mit Bestimmtheit weiß, bereit und hier in Wien hat sich auf das bloße Gerücht hin schon jemand bei mir gemeldet. Sie werden mich in diesen Mitteilungen nicht mißverstehen; sie scheinen mir wesentlich mit zur Sache zu gehören.

Aber Deutschland ist seit lange gewohnt, Gedichte bei Ihnen zu suchen, und ich frage daher zunächst bei Ihnen an, ob Sie auch meine Sammlung in Verlag nehmen wollen. Der Kuriosität wegen bemerke ich, daß Ihnen die Erstlinge derselben bereits vor zwanzig Jahren durch Herrn Dr. Uhland empfohlen wurden und daß sich die Verhandlungen damals (zu meinem großen Glück, denn es war noch viel Unreifes darunter) wegen eines Brandes zerschlugen, der Ihnen in Tübingen eine Druckerei verzehrte. | 59

Die Sammlung enthält nachstehende Abteilungen: 1. Lieder. 2. Balladen. 3. Vermischte Gedichte. 4. Dem Schmerz sein Recht. 5. Des Dichters Testament. 6. Sonette. 7. Epigramme (im griechischen Sinne, wie die Schiller-Goethe-Platenschen). Der letzteren sind circa 240, aber es sind lauter Honigbienen ohne eine einzige Wespe. Im Umfang würde das Buch wohl nicht weit hinter dem Uhlandschen zurückbleiben. Die Bedingungen ergeben sich von selbst; was Sie meinen Vorgängern, wie z. B. Freiligrath und Geibel, bewilligten, werden Sie mir, der ich ihnen an Ruf und literarischer Stellung nicht nachstehe, nicht versagen, und was diesen recht und billig war, ist es mir natürlich auch.

Sie drückten mir, als Sie mir vor Jahren das Vergnügen Ihres Besuchs machten, Ihre Zufriedenheit mit meiner Teilnahme an Ihrer Zeitung im Jahre 1848 aus. Die Verhältnisse wurden später so kitzlig, daß ich meine Feder niederlegen mußte, wenn ich mich nicht der Gefahr des gröblichen Verkennens redlichster Absicht und einiger Einsicht aussetzen wollte. Jetzt steht es wieder anders, und bei den mannigfaltigsten Verbindungen, wie ich sie habe, könnte ich Ihrem Blatt vielleicht in dem einen oder dem anderen Sinne wieder nützen.

60 | Einer baldgefälligen Antwort entgegen sehend, bin ich, mein hochgeehrter Herr Baron

in aufrichtigster Ergebenheit
Ihr hochachtungsvollster
Dr. Fr. Hebbel.

Georg Wilhelm Friedrich Hegel an Johann Friedrich Cotta, 22. 01. 1831

Berlin d. 22. Jan. 1831

Ich will es, verehrtester Herr und Freund, nicht unangezeigt lassen, daß ich endlich morgen Manuskript von der Logik an die Starckische Druckerei abgeben werde. Ueber die Verzögerungen, die diese Ablieferung erlitten, Rektorat, Besorgung einer neuen Ausgabe meiner Enzyklopädie, – insbesondere Krankheit incl. meiner Frau, ist es nicht nötig, mich weitläufig auszulassen. – Daß Sie und die Frau Gemahlin sich in gewohntem Wohlbefinden und Regsamkeit erhalten haben, vernehme ich fortlaufend von da und dorther mit Vergnügen. Die Ausgabe soll womöglich meiner Absicht nach bis Ostern fertig werden; wir sind über 22 Gulden rh. für den Bogen, die Ausg[abe] von 1000 Ex[emplaren], übereingekommen. Meine Ausstreichungen und Zusätze – ich habe das meiste ganz umgearbeitet – werden sich ungefähr balancieren. Es werden sich wenige Bogen über die erste Ausgabe ergeben.

Ich höre, Sie seien gegen die Redaktion der Jahrbücher zäher geworden. – Sie heben sich doch immer mehr und mehr, und Sie können im verflossenen Jahr keinen Verlust | 61
gehabt haben, wohl im Gegenteil. – Leider habe ich das ganze Jahr – auch um der Logik willen vornehmlich – nichts dazu geben, und um meines Uebelbefindens willen seit länger auch nichts dazu sagen können.

Von Reisenden vernahm ich die fröhliche Aussicht, daß wir Hoffnung haben konnten, Sie mit der Frau Gemahlin diesen Winter hier zu sehen. Der Elfinger war diesmal nicht in Gefahr, auf dem Sattelpaß zu erfrieren, insbesondere wenn Sie diesen bereits seit ein paar Tagen zurückgelegt hätten, denn in diesen letzten hat es allerdings 10 bis 12° angezogen. – Ich hoffe noch immer, daß Sie auf unsere Karnevalszeit eintreffen. Den großen Karneval, der aufgetan worden, halten Sie sich doch wohl nicht ganz vom Leibe. Eine Polonaise mitzumachen, werden Sie bei uns zwar nicht Gelegenheit finden, aber unabgesehen der vielen sonstigen diplomatischen und politischen Kontretänze, hörte ich, sind auch politisch-kommerzielle Touren wieder eingeleitet. Recht sehr sollten mich diese freuen, wenn sie [Veran]lassung würden, diese teuren Landsleute, Sie und Ihre allgeliebte Frau Gemahlin, hierher zu bringen; ich habe gehört, daß bei Ihnen beiden Berlin in gutem Angedenken stehe. – Die herzlichsten Empfehlungen von meiner Frau;

Der Ihrige
Hegel

»... während das Fußvolk sich immens vermehrt«

Zeit und Gesellschaft

Josef Anton Pilat an Johann Friedrich Cotta, 30. 12. 1824

Josef Anton Pilat (1782–1865) war Publizist, Regierungsrat und Privatsekretär des österreichischen Außenministers Metternich.

Wien, 30. Dez. 1824

… Sehr unerfreulich ist es mir, daß das *Morgenblatt* vom 1. Januar 1825 an verboten werden mußte. Ich hatte Sie zeitig davon avertiert, und Sie hatten mir auch noch in Ihrem letzten Schreiben Abhülfe versprochen; allein unmittelbar darauf erschien das Blatt mit dem dummen Artikel: *Michel Angelo's Traum*, der, wie man zu sagen pflegt, dem Fasse den Boden ausschlug. Ich frage Sie selbst, teuerster Freund, ob es nicht barer Unsinn ist, dergleichen Artikel, worin offenbarer *Indifferentismus* aller Religionen, ja nicht bloß aller Religionen, sondern auch aller *Nicht-Religionen* geprediget und den Damen auf die Toilette gelegt wird, in ein solches Unterhaltungsblatt aufzunehmen? Wenn sich das Morgenblatt im Laufe des künftigen Jahres rein erhält, so will ich mir alle Mühe geben, dann dessen Readmission zu erwirken.

Wir werden hier jetzt in allen derlei Fällen äußerst strenge verfahren, indem unsere Regierung fest entschlossen ist, sich so was nicht bieten zu lassen und alles, was ihr

in dieser Hinsicht mißfällt, auszuschließen. So wurde z. B. der diesjährige *Gothasche Geneal. Hofkalender* (Teutsche Ausgabe) wegen eines in diesem Allmanach ebenfalls ganz deplacierten, uns sehr mißfälligen Aufsatzes über den Bau-
66 | ernkrieg streng verboten; nicht als ob man glaubte, daß dieser Aufsatz eigentlich schaden könnte, sondern bloß um die HH. Herausgeber für den Mutwillen zu züchtigen, mit dem sie sich erlaubten, in einem Almanach, dessen Absatz in unserer Monarchie so groß ist, einen solchen Aufsatz aufzunehmen ...

Daß *Ihr* Name als Verleger unter dem schändlichsten aller Blätter, dem *Hesperus*, steht, kann ich nicht anders als lebhaft bedauern. Der *Hesperus* ist zwar seit lange schon in unseren Staaten verboten; allein, wenn er so fortfährt, namentlich *gegen die katholische Religion* zu schreiben (*Conferantur* z. B. die letzten Aufsätze, vorzüglich die *Noten* über Zwingli), so steht ihm noch was Ärgeres bevor. Auch war die Aufnahme mehrerer Polizei-Anordnungen gegen verdächtige Fremde unvorsichtig und unverschämt; überhaupt soll sich der *Hesperus*, dessen Redakteur keinen guten Geruch bei uns hinterlassen hat, ganz und gar enthalten von Wien und Österreich zu sprechen; wir wollen weder von ihm getadelt, noch weniger aber von ihm gepriesen werden ...

Karl Heinz Bohrer an Michael Klett, 30. 10. 1992

Redaktion: Antertorstrasse 1a, D. 8000 München 5
Merkur
Deutsche Zeitschrift für europäisches Denken
30. 10. 1992 5 KHB/km

Lieber Herr Klett,
in Bielefeld finde ich die Kopie Ihres alarmierend besorgten und ebenso menschlich anrührenden Briefes vor.

Lassen Sie mich zu Ihrer Entlastung zwei Dinge sagen: Ich habe nicht vor, den Merkur zu einer »Waffe« zu machen. Ganz im Gegenteil, die Widersprüchlichkeit und Farbigkeit der Beiträge ist ein Prinzip auch der zukünftigen Arbeit. Der Hinweis auf meine eigene, atheistisch genannte Katholizität macht ja deutlich, daß ich nicht vom Boden der katholischen Religion aus gegen die evangelische Kirche schrieb. Es war nur die selbstironische Offenheit, daß der Blick von außen auf die lange autoritäre Tradition der protestantischen Staatskirche vielleicht ganz hilfreich ist. (Im Grunde gibt es nach dem Zweiten Weltkrieg in Deutschland keine strikte Trennung zwischen Kirche und Staat, was natürlich mit der moralischen Erbschaft der Naziherrschaft zu tun hat.) Mein Gedanke, daß der lutherische Protestantismus die Säkularisation der Geister in Deutschland lange Zeit hemmte – darauf spielte die Assoziation an die Renaissance-Päpste* an –, die Nicht-Säkula-

* Bohrers Polemik (Merkur 522/523 September/Oktober 1992) über die Rolle der protestantischen Kirche in der Auseinander-

risation noch jetzt das Ungute in der DDR-Debatte kennzeichnet, scheint mir triftig.

Zum anderen: Ich glaube nicht, daß die Mehrheit der Merkur-Leser oder auch nur eine große Minderheit sich von meiner Glosse so sehr provoziert fühlen konnte, daß sie das Abonnement kündigten. Sicher, ich weiß, daß dieser oder jener protestantische Hochschultheologe oder Pfarrer aufgewühlt ist, ich kenne auch solche, die mit pathetischen Briefen diesen Schritt unternahmen.* Ich muß offen gestehen, daß ich bei allem Verständnis für eine gewisse Verletztheit eine so weitgehende Reaktion für sehr kleingeistig halte. Ich selbst würde mich gegenüber radikal anderen Ansichten niemals so verhalten und möchte auch keine Zeitschrift redigieren, die für Geister schreibt, denen nichts an ihre Essentials gehen darf. Es kann nicht angehen, daß ich aus Rücksicht auf ein institutionalistisch gesichertes Milieu – sei es nun Universität, Kirche oder Regierung – nicht ausspreche, was eine Reihe von schärfer Blickenden genauso sieht.

Schließlich vielleicht doch noch dieses: Sie haben ganz recht, ich will nichts »erreichen«. Denn ich bin kein Poli-

---

setzung mit der DDR-Intelligenz bezog sich hier auf Nietzsches Kritik an Luther, dieser habe – indem er die Sinnlichkeit Roms geißelte – in Deutschland die Renaissance aufgehalten: *»... als der Mensch im Begriff war, sich in Gestalt der Renaissancepäpste an die Stelle Gottes zu setzen«.*

* Die Reaktion unter Angesprochenen soll so weit gegangen sein, daß es Theologieprofessoren gab, die in Boykottschreiben Kollegen aufforderten, fürderhin den »Merkur« nicht mehr zu beziehen.

tiker. Der Merkur veröffentlicht keine Leitartikel, die pragmatische Wirkungen haben sollen. Es geht allein um Erkenntnisse, auch um bittere, auch subversiv formulierte, die sich manchmal gegen die Mehrheit des offiziösen Diskurses richten. Das ist, ich gebe es zu, manchmal gefährlich. Es kommt ja auch nur selten vor. Ich glaube, daß der typische Merkur-Leser dies verstanden hat. Das Doppelheft hat einen großen Erfolg, selbst bei Lesern, die meine Marginalie nicht ertragen können.

Ich möchte Ihnen abschließend sagen, daß mir Ihr Brief trotz allem wohlgetan hat, weil er gerade in seiner Kritik soviel Loyalität und alte, wohlbegründete Freundschaft zeigt. Das wiegt um so mehr, als vermutlich einige der enragierten Kritiker Ihnen nicht so fern stehen dürften. Deshalb möchte ich Ihnen noch einmal versichern: Ich habe nichts Strategisches gegen die protestantische Kirche im Sinn, sondern wollte sie bei schwerwiegenden folgenreichen Widersprüchlichkeiten ertappen. Ich bin ein strikt laizistisch gesinnter, radikaler Liberaler, der, durch Englands Publizistik erzogen, gelegentlich zu pointierten Sätzen neigt. Ich werde dies in Zukunft nicht ändern, aber wenn ich mich überhaupt in nächster Zeit politisch äußere, werde ich gewiß aus Ihrer Beunruhigung gelernt haben.

Mit freundlichen Grüßen

Ihr

Karl Heinz Bohrer

Johann Gottlieb Fichte an Johann Friedrich Cotta, 10. 12. 1798

70 | In einem anonymen Pamphlet »eines Vaters an seinen studierenden Sohn« war gegen zwei Artikel von Fichte und Forberg im Januarheft 1798 des »Philosophischen Journals« der Vorwurf des Atheismus erhoben worden. Das Journal wurde konfisziert, Fichte verlor seine Professur, und Jenas Stellung als Mittelpunkt der europäischen Philosophie war dahin. Fichte rechtfertigte sich 1799 in einer »Appellation an das Publikum ...«, in der er mit großer Entschiedenheit die gefährliche Beschuldigung des Atheismus zurückwies – aber damit den sogenannten Atheismusstreit erst so recht entfachte.

Jena, d. 10. Dezember 1798

Ich höre, daß in Kursachsen einige Hefte unseres Philosophischen Journals [konfisziert worden sind], unter dem Vorwande, daß, in einem Aufsatze von mir, der *Atheismus* klar gepredigt würde.

Diesen Vorwurf nicht mit Stillschweigen zu übergehen, erfordert Pflicht, und Klugheit. Ich denke daher in den nächstkünftigen Weihnachtsferien eine kleine Flugschrift zu verfertigen, und so schnell als möglich ausgehen zu lassen; in welcher ich mich über diesen Vorwurf geradezu an die deutsche Nation (wenn wir eine haben) wende; ihr *plan* und *für jeden* faßlich zeige, worüber eigentlich der Streit ist, und bei dieser Gelegenheit überhaupt ein paar allgemeinverständliche Worte über die Eigenheiten meines Philosophischen Systems sage. Ich werde dies mit Wärme tun, und meine Sache dem Schutze des Publikums an das Herz legen.

Hätten Sie etwa Lust den Verlag (d. h. hier eigentlich das Debitieren) dieses Schriftchens zu übernehmen?

Ich werde es so kurz als möglich (zwischen 3 und 6 Bogen) fassen. Ich wünschte daß es in Jena gedruckt und der Druck sogleich mit Ende des Jahrs, wo ich Manuskript zu haben hoffe, angefangen würde… Die schnellste und möglichst weite Verbreitung ist mir Hauptzweck.

Wie viele Exemplare sind zu drucken? Sind, bei diesem Plane, 10 000 zu viel? Auch müßte es gleich, etwa in einen farbigen Umschlag geheftet, verschickt werden.

Honorar bedinge ich mir gar nicht aus.

Haben Sie die Güte mir mit umlaufender Post zu antworten; und wenn Sie den Vorschlag annehmen, mir eine Vollmacht auf einen hiesigen Buchdrucker (ich werde schon vorher einen besprechen) mitzuschicken.

Hartmut v. Hentig an Ernst Klett, 19. 09. 1983

In einer Serie von Aufsätzen zur sogenannten Nachrüstungsfrage veröffentlichte die Wochenzeitung DIE ZEIT im August 1983 einen ganzseitigen Aufsatz von Hartmut von Hentig mit der Überschrift »Abschreckung, Gesetz, Gewissen/Eine moralische Begründung für einen politischen Widerstand«. Ernst Klett, der Hentig in Anlehnung an den russischen Pädagogen Anton Makarenko »Hentigenko« zu nennen pflegte, reagierte auf diesen Artikel mit einem Brief, dem er einen Aufsatz von J.G. Reißmüller aus der FAZ mit dem Satz beifügte: »... er sagt ungefähr, was auch ich sagen würde.«

Ringsthof, 19.9.1983
4904 Enger

Lieber Herr Klett,
haben Sie Dank für Ihren Brief vom 16. September. Ein Mann wie Sie sollte nichts »der Einfachheit halber« tun. Daß Sie Georg Reißmüller erlauben, Sie und Ihre Argumente mir gegenüber zu vertreten, ist um vieles schlimmer, als wenn Sie es den Herren Becker und Lämmert überlassen, Stefan George zu interpretieren.

Mit dem Freund Ernst Klett werde ich schon wieder ins Reine kommen. Aber was soll ich mit der Wahrnehmung machen, daß auch ein Freund in dem mit Mühsal und Sorgfalt geschriebenen Text in der ZEIT vor allem einen Anlaß findet, vor Friedensromantik einerseits und moralischer Überheblichkeit andererseits zu warnen. Habe ich nicht alle nur denkbaren Kautelen gerade gegen diese beiden Gedanken aufgestellt und dadurch meine Wirksamkeit (die nun in der Publizistik allemal in der harten eindeutigen Kontur und nicht in den Schraffierungen liegt) gefährdet?!

Und vollends Georg Reißmüller! Warum mir dieses/diesen!? Er spricht ja gar nicht von meinem, das heißt von dem in diesem Aufsatz formulierten Problem; er streitet vielmehr mit Leuten, die tun oder sagen, was er für falsch hält – darunter manches, was auch mir ärgerlich ist (beispielsweise die Redensart, der Staat wolle gewaltfreie Aktionen kriminalisieren oder Gesetze seien etwas »rein Formales«). Es ist ein grober, unzulässig verallgemeinernder und tückischer Artikel – und wird es jedenfalls, wenn *Sie* ihn *mir* schicken. Er unterstellt dem Adressaten Rechtsnihilismus und Charakterlosigkeit, macht meine Skrupel und Bemühungen um Ordnung der schwierigen Dinge zu »Kram« und einem »alten Trick« und den irgendwie für bösartig gehaltenen Einwand gegen atomare Abschreckung, den ich moralisch begründe, zu einer bloßen Ausschmückung! (Wovon?)

Ich weiß, daß ich, zum Beispiel bei einer Blockade, ein Gesetz breche, daß ich im Sinne von Thoreau civil disobedience treibe. Ich begehe Nötigung aber erstens nicht in beliebiger Sache, zweitens nicht gegen jedermann, drittens mit wirklicher innerer Not und viertens der Folgen gewärtig. Ich tue es, weil ich zu sehen meine, daß die Grundidee dieses Rechtsstaats durch sein Verfassungswerk und dic damit legal vollzogene Politik nicht mehr gedeckt ist. Ich versuche, das Gesetzes- oder Regelwerk zu korrigieren (ich meine: den Anstoß dafür zu geben, indem ich zeige, in welchc Lagc es mich Gutwilligen bringt!) – so als hätten wir heute die Verfassung zu beschließen. Gesetzeswerke, insbesondere Verfassungen, werden der Rechtstheorie zufolge »under the veil of ignorance« beschlossen, das heißt, ohne zu wissen, auf welche Einzelfälle und Einzelpersonen sie Anwendung finden werden: ist man in der Verstrickung darin, kann man nicht mehr die Grundsätze beschließen, nach denen sie geregelt werden sollen – aber sollen wir darum denn Fehler über Fehler und am Ende tödliche begehen? Ist es nicht besser, wir entschließen uns, angesichts einer gerade noch abwendbaren Entscheidung, das Regelwerk zu ändern?

Der Fehler meines Aufsatzes ist der Fehler des Augenblicks: daß wir die Friedensfrage und die Frage der atomaren Abschreckung nicht voneinander trennen können. Der letzteren würden wir umso besser beikommen, je weniger wir sie mit einem Gesinnungspazifismus verbinden. Ich dachte, ich hätte dieses in meinem Aufsatz deutlich gemacht: »Der Friede ist nicht ohne den Krieg.«

Die *Gewaltfreiheit* bezieht sich auf den Modus meiner politischen Aktion, die nur dann eine Chance hat, verstanden zu werden, wenn ich mich streng an sie halte. Sie ist kein unbedingtes und allgemeines Prinzip, so respektabel ich sie auch finde und so sehr mein Herz dem Bergprediger entgegenschlägt. Einen Bezug darauf habe ich ausdrücklich aus dem Text für die ZEIT gestrichen …

Und so könnte ich stundenlang ohne Partner weiterreden, und das will ich nicht. Sehen wir zu, daß wir in diesem Herbst einmal, möglichst zu dritt, hierüber sprechen.

Ich werde am 13., 14. und 15. 10. in Bremerhaven an einer Blockade mitwirken, bei der ein Stück des Hafens abgeriegelt wird, in dem pro Jahr über eine Million Tonnen Munition und Waffen »umgeschlagen« werden, vermutlich auch die Pershing-Raketen.

Es grüßt Sie wie stets
Ihr Hentigenko

Hartmut v. Hentig an Ernst Klett, 06. 10. 1983

Ringsthof, 6. 10. 1983
4904 Enger |75

Lieber Herr Klett,
haben Sie Dank für Ihren letzten Brief vom 30. September. Ich wäre gern großzügig, aber ich spüre: ich bin es nicht, ich könnte es nur vortäuschen. Die Philologie, die ich auch erlernt habe, ist professionelle Kleinlichkeit. Der Herr Marquis mag es *»besser* verstehen«, beim homme de lettres wird daraus von allein die Aufforderung *»genauer* zu verstehen«.

Sie schreiben im Brief vom 16.: daß Sie »im Entscheidenden« Widerstand anmelden. Im Entscheidenden also meines Aufsatzes. Sie benutzen dann »der Einfachheit halber« den Leitartikel der FAZ, um mir zu antworten, weil er »ungefähr« sagt, was Sie auch sagen würden. Wem anders als »mir«? Ich mußte den Artikel als Ihre Antwort an HvH verstehen, da er solchermaßen eingeleitet und kommentiert einem Brief an mich beilag. Ich hatte ihn vorher in der FAZ ohne diesen Bezug auf mich gelesen und unbeschädigter Seele beiseite gelegt. – Soviel zu dem, gottlob, unter die Mißverständnisse zu buchenden Teil unseres schriftlichen Gesprächs.

Anders steht es mit dem neuen Gedanken: Ich hätte mit meinem Artikel den Gedanken des Plebiszits in unserer Demokratie propagiert, quod nego et abnego! »Um ein Plebiszit zu erreichen, sind Sie bereit, das Delikt der Nötigung zu begehen.« – Wo in aller ZEIT steht dieses? Die »Nötigung« begehe ich, um meine Regierung, den Gesetzgeber und die gesamte politische Öffentlichkeit darauf aufmerksam zu machen, daß und in welchem Maß mein Gewissen durch die Tatsache verletzt ist, daß in meinem Namen Mas-

senvernichtungsmittel von der beschriebenen Art bereitgestellt werden – mit der Versicherung, man werde sie auch anwenden. Ich breche ein kleines Recht um eines großen willen, genauer: um der moralischen Notwendigkeit willen, atomare Bewaffnung durch Verfassungsverbot auszuschließen. Ein solches Verfassungsverbot wird nicht leicht zu haben sein, wenn die Waffen einmal installiert sind. Aber nicht deshalb blockiere ich die Carl-Schurz-Kaserne in Bremerhaven, ja ich weiß, daß ich die Aufstellung nicht verhindern kann, wenn sie beschlossen ist. Mein Widerstand ist ganz und gar symbolischer Art. Dies wiederum darf nicht dazu führen, daß er in unserer freiheitlichen Ordnung allzu leicht wiegt. Es nützt nichts, lila Tücher oder lila Redensarten zu schwingen. Ich kriege keine ernste Aufmerksamkeit in den verfestigten Lagern – es sei denn durch ein Martyrium.

Dies wird Sie alles noch mehr abstoßen, als was Sie bisher unter meinen Äußerungen und an meinen Entscheidungen mißbilligt haben. Aber es ist wenigstens meine Wahrheit. Ein durch die Verfassung nicht legitimiertes Plebiszit ist meine Wahrheit nicht. Die rd. 3000 Personen, die in Bremerhaven vor den Toren sitzen werden und sich abtransportieren lassen – oder auch verprügelt werden – sind mitnichten »das Volk«, das seinen Willen kundtut. Es ist eine der »aktiven Minderheiten«, die Georg Picht einmal zum Salz unserer Gesellschaft erklärt hat.

Ob ich nach Bremerhaven gehen werde, entscheidet sich in den nächsten fünf Tagen, an denen ich, wie schon jetzt fast jeden Abend, fünf bis sechs Stunden mit der sogenannten Bezugsgruppe und Blockadeschicht über die allgemeinen Regeln und Ziele unserer Aktion verhandle. Da geht es manchmal gespenstisch zu. Ich wünsche Ihnen, daß Sie diese Erfahrung nicht mehr machen müssen, daß Ihre Vorstellungswelt von noblen Belagerungen und Entsatzungen, wie der von Wien, bevölkert werden und bleiben.

Es grüßt Sie herzlich
Ihr
Hentigenko

Georg Wilhelm Friedrich Hegel an Johann Friedrich Cotta, 29. 05. 1831

Berlin
im Schlößchen am Kreuzberge
d. 29. Mai 1831

Gegen Ende des verfl[ossenen] Januars hatte ich Ihnen, hochverehrter Herr und Freund, die Nachricht geben können, daß ich Manuskript der Logik, über deren Ausgabe wir bei Ihrem vergnüglichen Hiersein mündlich übereingekommen waren, in die Druckerei abgegeben. Nun erst, nach vier Monaten, unterlasse ich nicht, Ihnen anzuzeigen, daß jetzt der Abdruck begonnen und damit fortgefahren werden soll. (...)

Unserer mündlichen Uebereinkunft über dieses Honorar für diese neue Ausgebe meiner Logik hatte ich in meinem Schreiben vom 23. Januar Erwähnung getan, ohne übrigens die andern Nebenbestimmungen der Anzahl der
78| Exemplare der Ausgabe und der Freiexemplare anzuführen. In Ihrer gefälligen Antwort hätte ich hoffen dürfen, gleichfalls eine schriftliche Erwiderung auf diese meine Erwähnung zu finden.

Ich vernehme, daß Sie sich gegenwärtig in München befinden, wo Sie also die ständischen Verhandlungen, die über die wichtigen Punkte: Preßfreiheit, Ministeranklagen, katholische Eheschwierigkeiten auf dem Tapet sind, näher mit ansehen. Es scheint, daß daselbst und anderwärts nachgerade die deutschen, und zwar von deutschen Fürsten gemachten Nachahmungen französischer Freiheitstümlichkeiten, wenn man so sagen kann, einigen Regierungen und Ministerien beschwerlich und eingreifend zu werden anfangen. Wir hier sind ruhig. Vor einigen Tagen konnte es der König kaum abhalten, daß ihm, wie er von einem Besuche von Kunstreitern wegfuhr, Leute, die sich dabei herumbefanden – oder offiziell zu reden, das Volk – die Pferde abspannte, um ihn nach Hause zu ziehen. Seine Ermahnung, sich nicht zu Tieren herabzuwürdigen, und die Versicherung, er werde dadurch genötigt, zu Fuß nach Hause zu gehen, bewirkten, daß er unter lautem Lebehoch wegfahren konnte. – Statt Minister anzuklagen sind bei uns gegenwärtig drei Minister der auswärtigen Angelegenheiten, – nämlich der bisherige, Graf Bernstorff, Ancillon und Baron Werther in Paris, – im Werden, d. h. daß alle drei *zugleich*, jeder gewissermaßen, diesem Departement vorstehen sollen. Doch liegt die Sache noch im Kabinett des Königs. Unser weltberühmter Zensor Granow ist vor etlichen Tagen Todes verblichen, doch die Zensur damit nicht, – betrauert, nach der Todesanzeige, von den Hinterbliebenen, – etwa den nicht mehr von ihm zensierten Schriften!

Der gnädigen Frau Baronin küsse ich für die freundlichen Zeilen, die dem Briefe beilagen, die Hände. Mit dem größten Bedauern, das so viele teilen, vernahm ich, daß wir Sie beide nächstens noch nicht hier sehen werden. Wir – in einem Garten mit der Befestigung der Gesundheit beschäftigt – empfehlen uns aufs beste –

ganz der Ihrige –

Hegel

Ernst Jünger an Ernst Klett, 04. 08. 1970

7941 Wilflingen
über Riedlingen
4. 8. 1970

Lieber Ernst Klett,

Albert Hofmann sendet mir das anliegende Photo: »LSD=Kristalle, von mir im polarisierten Licht photographiert«.

Ich lege es als Anregung bei. Vielleicht hilft die Materie weiter, dann ist das Angemessene die Photographie. Auch einer der angedeuteten Übergänge zum Insektenstand. Schließlich lebt alles aus dem Ungesonderten.

Hofmann schreibt ferner: »Ich bin auf ›Annäherungen‹ außerordentlich gespannt.«

Und ferner: »Kürzlich war Gordon Wasson bei uns zu Gast. Letztes Jahr erschien sein neuestes Buch Soma: Divine Mushroom of Immortality, ein Band in Großformat, Preis $ 200, in dem er gute Gründe beibringt, daß der Wundertrank ›Soma‹, der in den Hymnen der Rigveda besungen wird, nichts anderes war als der Press-Saft von Amanita muscaria.«

Es scheint sich also hinsichtlich der Drogen-Erkundung eine Art von Generalstab herauszubilden, während das Fußvolk sich immens vermehrt.

Daß ich bei der Kapiteleinteilung bleiben muß, wie sie in den Fahnen steht, schrieb ich gestern bereits.

Mit herzlichstem Gruß Dein

Ernst Jünger

PS. Auch noch von Hofmann: »Vieles, was man von wissenschaftlichen Instrumenten abgebildet sieht, schneidet im Vergleich zu gewissen Produktionen der modernen Kunst nicht schlecht ab.«

Das kann ich nur unterschreiben.

Christoph Martin Wieland an Johann Friedrich Cotta, Februar 1807

Weimar (Februar 1807) | 81

Weit entfernt, mein sehr geschätzter Herr und Freund, den Antrag, den Sie mir am 28. Nov. des abgewichenen Jahres taten, anders zu nehmen als er von Ihnen gemeint ist, erkenne ich mich Ihnen vielmehr sehr verbunden dafür, und hoffe, mein guter Genius werde, um der 73 Jahre willen, die an mir gezehrt haben, nicht so ganz untreu an mir werden, daß ich Ihnen nicht zuweilen einen kleinen Beitrag, wenigstens zum Zeichen meines guten Willens, sollte übersenden können.

Ich würde Ihnen nicht so spät geantwortet haben, wenn ich nicht die ersten *Morgenblätter* hätte abwarten wollen. Ich habe deren nun *sieben* gelesen, und bin so sehr mit der ganzen Heptas und allen Früchten, Blumen, Blüten und Läubchen, die sie liefert, zufrieden, daß ich mirs zur Ehre schätzen würde, meine heitersten Stunden zu deren Vermehrung zu widmen, wenn ich nicht in eine große (für meine Jahre fast zu große) Arbeit, nämlich eine Uebersetzung der sämtlichen Briefe Ciceros, *versunken* wäre, wozu ich mich acht Tage nach dem unseligen 14. Oktober entschlossen habe, um mich aus der Gegenwart zweitausend Jahre zurück in die ewige Roma zu flüchten, und mich mit den Geistern der großen Menschen, die den Fall derselben teils bewirkten teils vergebens zu verhindern suchten, zu unterhalten, wiewohl ich mit diesen großen Menschen im Leben eben so wenig hätte verwickelt sein mögen als mit den Heroen unsrer Zeit. Denn auch diese werden erst in 2000 Jahren *sehr gute Gesellschaft* sein.

Erhalten Sie mir inzwischen Ihre Freundschaft und nehmen die Versicherung der ausnehmenden Hochachtung wohlwollend auf, womit ich lebenslänglich beharren werde

Ihr ergebenster Diener
Wieland

Ernst Jünger an Ernst Klett, 14.03.1965

7941 Wilflingen,
über Riedlingen
Wilsede, 14.3.1965

Lieber Ernst Klett,
vorgestern Mittag kam ich gut in Wilsede an, wurde mit Wagen und Pferden abgeholt und habe bei strahlender Sonne schon einige schöne Gänge in der alten Heimat getan.

Herzlich Dank noch einmal für die festliche Bewirtung in Stuttgart, die mit der Examensfeier zusammenfiel. Da ist wieder einmal ein Abschnitt der Bahn geschafft. Ich konnte es aus eigener Erfahrung, sowohl des Schülers als auch des Vaters, nachfühlen.

Dank auch für Deine unzweideutige Antwort an den polemischen Professor in der mich betreffenden Angelegenheit. Das ging über das Verhältnis zwischen Autor und

Verleger hinaus. Ich habe während der Bahnfahrt darüber nachgedacht. Solchen Anwürfen gegenüber, deren Absicht die politische Schädigung ist, gibt es keine Verständigung, keine Erklärung, sondern entweder Schweigen oder massive Entgegnungen. Bei einem Amerikaner las ich neulich: | 83
»Was für die Borgias der Dolch und der Giftbecher waren, das ist für ihre Geistesverwandten von heute das Aktendossier.«

Freilich ist nicht zu verlangen, daß ein solcher Geist die Stimmung eines Freiwilligen kennt, der nach vier Jahren ungeheurer Kämpfe zurückkommt und seine Fahne vom Pöbel heruntergerissen sieht. Aber er sollte, wenn er »historisch« zu arbeiten vorgibt, den Betrug mit den Wilsonschen Punkten kennen, und ebenso die Rolle des Völkerbundes, die darin bestand, den Deutschen die Kehle zuzudrücken und ihm [?] am Boden zu halten. Selbst hochgerüstet, haben sie mit moralischen Sprüchen unsere Ohnmacht überwacht. Wirklichen Gewalttaten gegenüber, wie der Annexion Abessiniens durch Mussolini, haben sie versagt. Wehe aber, wenn wir nur eines unserer bescheidensten Rechte verlangt hätten.

Daß ich in unserer Not Rüstung für wichtiger hielt als den Lakaien zu spielen und daß ich das scharf formulierte, kann ich dem jungen Mann von damals nur hoch anrechnen. Nichts steht dem entgegen, daß ich diese Aufsätze mit dem nötigen Kommentar auch heute wieder herausgebe, als das Bedenken, daß ich mir damit Freunde schaffe, auf die ich keinen Wert lege.

Solche Geister ziehen daraus ihren Profit, daß sie anderen in ihr schlechtes Gewissen hineinreden. Das zieht nun mir gegenüber nicht, denn mein Gewissen in Krieg und Bürgerkrieg geschärft, ist sowohl der Weimarer Republik als auch dem Dritten Reich gegenüber intakt. Beide sind mir etwas schuldig geblieben, mir der seine Pflicht dem Lande gegenüber erfüllte, die sie verabsäumten oder verfehlten, sei es durch Feigheit oder durch Brutalität.

Ich könnte also mit weit besserem Recht und auch mit besseren Chancen in die Polemik eintreten. Zuweilen habe ich mir das auch überlegt, weil man andere mitbedienen könnte; es reut mich nur die Zeit. Ich kann nicht mit Barmat und Kutisker wieder anfangen; da dreht sich die Geschichte im Kreis. Lieber will ich den Gegnern überlassen, aus Zeitungsartikeln, die ich vor vierzig Jahren geschrieben habe, Zitate zu isolieren, um meine Gefährlichkeit den Halbstarken zu demonstrieren; möge es ihnen gedeihen. Mich beunruhigt das wenig; schon Göbbels hielt mich für einen gefährlichen Burschen – das gehört zum Schicksal, wenn man unter Eunuchen lebt.

Bedauern würde ich nur, wenn ich da Anwälte fände, die aus der Geschichte ebenso wenig gelernt haben. Oder sollte es unter den jungen Leuten noch einige geben, die wissen, was Anstand ist? In diesem Sinne ist übrigens auch Gerhard Nebel noch ein junger Mann für mich.

Übrigens hat schon der selige J. R. Becher mit denselben Zitierungen Professoren gegen mich angesetzt – unter anderem Herrn Harich, der dann ins Zuchthaus kam. Becher muß aber ein Haar in der Suppe gefunden haben, denn er ließ die Campagne abblasen. Es sollte überhaupt nicht mehr von mir gesprochen werden; ich wurde mit

Verachtung gestraft. Was den Deutschen fehlt, ist ein Aristophanes. Leider werden wahrscheinlich wieder Leute kommen, die keinen Spaß verstehen. Bitte sich dann aber nicht auf mich zu berufen; denn ich möchte die Sache nicht tragisch nehmen. Schließlich ist's wichtiger, wie es weiter gehen soll.

Eben kam noch ein Professor hier an, ein Kieler Germanist, Spezialist für niederdeutsche Mundarten, mit dem ich mich auf das charmanteste unterhalten habe. Die Befürchtung, die mich zuweilen überfällt, daß nämlich eine komplette Universität von heute nicht die Knochen eines Kriegsfreiwilligen von 1914 aufwiegt, scheint hypochondrischer Natur zu sein.

Überhaupt habe ich den Eindruck, daß Alfred Toepfer hier ein gutes Gremium versammelt – das allein würde seinen Naturschutzpark rechtfertigen. Gestern habe ich auch sehr angenehme Leute kennengelernt. Alexander trifft übermorgen ein. Doch das Blatt geht zu Ende.

Mit herzlichen Grüßen bleibe ich

Dein Ernst Jünger

Friedrich Wilhelm Joseph Schelling an Johann Friedrich Cotta, 19.02.1815

86 | München 19. Febr. 1815

Kaum sind Sie teuerster Freund, zu Hause und wie ich mir denken kann in einem Meer von Geschäften, und schon muß ich Sie mit einer Bitte behelligen! Wie mir hiesige Freunde hinterbrachten und jetzt auch Briefe aus dem Norden erzählen, steht in einem der neueren Blätter der Hamburger Zeitung (und zwar, wie man hier mir sagt, des *Deutschen Beobachters*) eine Nachricht, daß ich katholisch geworden!! Ich lachte im Anfang über die Albernheit; aber wie ich jetzt höre erregt sie im Norden Aufsehn. Ich nehme, da Sie es gewiß selbst unter meiner Würde halten würden, wenn ich unmittelbar die Unwahrheit kund machen wollte, meine Zuflucht zu Ihrer Freundschaft, indem ich Sie bitte, in dem *Deutschen Beobachter* (gleichviel ob die erste Nachricht wirklich in diesem Blatt oder in einer andern Hamburger Zeitung gestanden) eine Berichtigung einrükken zu lassen. Sie kennen über diesen Punkt meine Gesinnung aus unsrer letzten Unterredung (dazumal wußte ich von der Nachricht noch nichts) und wie ich wohl in der Welt zu nichts weniger geneigt bin, als zum Renegaten in irgend einem Sinn. Haben Sie die Güte, in jenem Artikel ausdrücklich zu sagen, daß seiner ganzen Gesinnung nach schwerlich jemand davon entfernter als ich sein könne. Wär' es schicklich, dabei zu erwähnen, daß die nächstens erscheinenden Weltalter hierüber wie über noch vieles andre Licht verbreiten werden, so wär' es mir nicht unlieb. Zugleich wünschte ich, daß Sie den Redakteur in Ansehung aller mich betreffenden Nachrichten warnten. Ich vermute darin wieder die Freundschaftshand des Herrn Böttiger. Vielleicht hat dieser All-Erhorcher irgendwo meine Absicht ausgehorcht, ins protestantische Deutschland je eher desto lieber zurückzutreten, und meint, damit den Weg zu verschließen.

Ich bedauere noch immer, daß Sie so kurze Zeit hier verweilt; über tausend Dinge hätte ich so gern mit Ihnen noch gesprochen ...

Karl Heinz Bohrer an Michael Klett, 06. 06. 1993

Paris/Bielefeld
6. Juni 1993

Lieber Herr Klett, keine Angst! Folgendes ist nur ein Gedanke: in Erinnerung an den schönen Abend bei Ihnen nach einer etwas schwerwiegenden Sitzung möchte ich anlässlich der dort genannten Probleme, Ihnen etwas sehr Einfaches nur sagen, was ich in Anwesenheit der anderen nicht sagen konnte: Die Zukunft des »Merkurs« sind Sie und ich! Von unserem Willen und Wunsch, diese einzigartige Zeitschrift zu machen, hängt alles ab. Und dies wiederum heißt: von unserer Übereinstimmung, was diese Zeitung ist. Und wir stimmen überein. Und damit komme ich zu einem Begriff, den Picht aufbrachte und dem ich – wiederum aus Rücksicht für alle – nicht widersprach, den ich aber, bevor wir abermals zusammenkommen im Herbst, klarstellen möchte:

Picht sprach von »Produkt« und »Marktangemessenheit«. O. K. Aber: Der »Merkur« ist ein »Projekt«! Bei seiner Planung können Marktanalysen nur sehr bedingt eine Rolle spielen. Bei der immer auffälliger werdenden Banalisierung der deutschen Gesellschaft – auch der so genannten Führungseliten – ist es absehbar, da das »Geistige« des »Merkurs« es schwer hat. Ich brauche nur auf das Verständnis der Universität bei den Wissenschaftsministerien zu schauen, um den verheerenden Rückgang an geistigen Prinzipien festzustellen. Auf so etwas können wir uns nicht einlassen. Oder?

Was nun die Methode betrifft, geistige Perspektiven zu setzen, so kann diese nicht darin bestehen, Titel und Themen zu setzen, wie sie bei einschlägigen Podiumsdiskussionen, Kongressen, Tagungen üblich sind, die H. M. Enzensberger kürzlich ironisch in der F. A. Z. auflistete – nach der Machart: »Wohin treibt die BRD ab« oder »Haben die deutschen Intellektuellen versagt?« Solche auf Handlungsanweisungen hinauslaufenden Themen sind nicht nur absehbar oberflächlich, sondern sie sind unoriginell. Ich möchte also klarstellen, daß der »Merkur« in keiner Weise profitieren kann von den sehr langweiligen Praktiken, in denen ›L'Esprit‹ sein Heil versucht. Auch diese Anregung Pichts führt nicht weiter: Die Zusammenstellung von Informationen über aktuelle Problemzusammenhänge, Expertisen-Service ist nicht Sache dieser Zeitschrift! Ich meine schließlich, daß der »Merkur« mit der neuen

Situation der BRD sehr gut fertig geworden ist. Wir haben in den Jahren 90/92 sehr stark sogar so sehr den Ton angegeben, daß die großen Medien sich gezwungen sahen auf im »Merkur« Gedrucktes einzugehen. Dies hat übrigens nicht zu einer erkennbaren Auflagensteigerung geführt! Grundsätzlich sehe ich gar keinen Grund, irgendetwas wesentliches zu ändern. Wir können – wie oben angedeutet – nicht irgendeinem obscuren Trend einer immer obscurer werdenden Öffentlichkeit nachrennen. Was entscheidend ist, einige Köpfe zu relevanten Fragen sich äussern zu lassen. Das tun wir. Es ist kein Zufall, daß der »Merkur« heute international die bekannteste und wichtigste deutsche Zeitschrift ist. (Das war sie keineswegs in der so berühmten Paeschke-Zeit) Wie für alle geistigen Medien ist die derzeitige innenpolitische Situation nicht günstig. Wenn der Consens einer Nachkriegsliberalität durch Teile des deutschen Kleinbürgertums gefährdet werden, dann werden die Zeiten so ernst, daß man sich weniger für philosophische und ästhetische Fragen interessiert. Die BRD ist auch teutonischer geworden. Soll es deshalb der »Merkur« auch werden? Ich meine nicht! Gerade jetzt kommt es auf den westeuropäischen Charakter der Zeitschrift an. Daß wir trotz dieser objektiven Erschwerungen sehr aktuell bleiben, belegt das Mai-Haft besonders gut, wo der Aufruf des Juristen Meier zu Neonazis und Bürgerrechten unmittelbar zur derzeitigen Situation höchst Fundiertes zu sagen hat.

Mir kam es nur darauf an, einige essentielle Apriori der Zeitschrift zu betonen, in denen ich mich mit Ihnen einig weiß, bevor die Sommerferien beginnen. Und die Formel dieses Apriori lautet: Der Merkur ist ein »Projekt«, kein »Produkt«. Daraus folgt alles weitere, einschließlich, daß ich selbst mich als Autor mehr engagieren sollte, denn es im letzten Jahr möglich war.

Was den Herbst-Termin betrifft, so sollte man diesen strikt auf ökonomische Hilfe-Vorschläge beschränken, denn wie gesagt, ich kann in Gegenwart so vieler nicht im Sinne einer Redaktionskonferenz sprechen und es gehört eine solche ohnehin nicht dahin.

Herzliche Grüße Ihnen beiden!

Ihr

Karlheinz Bohrer

Botho Strauss an Michael Klett, 21.01.1986

21.1.86
Vert Dean

Lieber Herr Klett,

Ihr schöner, langer, nachdenklicher Brief erreicht mich hier in England mit ein wenig Verzögerung. Daß Sie Zeit fanden, mir so ausführlich zu schreiben und dazu auch noch, mein Gedicht, das so arg bescholtene, zu lesen, darüber habe ich mich ganz außerordentlich gefreut.

Wir (das schließt ein: meine Gefährtin, mit der ich jetzt seit 2 Jahren bin) bringen den Winter hier an der englischen Südküste zu – in einem 18. Jhd.-Gärtner-Haus, sehr anmutig und komfortabel, inmitten eines großen Parks mit Teichen und hohen kahlen Bäumen und in Nachbarschaft zu einem Manor-House, dem Charleston-Manor, das immerhin ursprünglich vom Mundschenk des William the Conqueror herstammte – ganz von Beginn also. Wir haben diesen großartigen Platz durch meine Londoner Theateragentur gefunden – man geht die Kreideklippen der ›Seran Sisters‹ (es ist zwischen Brighton + Eastbourn) und läuft im Flußtal, durchquert den Wald und wird ab der Heide durchgepustet. Sehr viel also, und binnen kurzem ist man auch in London. Diese kleine Flucht aus Deutschland war mir bitter nötig – das Jahr war doch zu arg, und die Verachtung, der Spott, die die sogenannte literarische Öffentlichkeit mir zuteil werden ließ, die gemeine Dummheit, mit der man mich verfolgt, wurden mir eben doch zuviel.

Ich weiß natürlich, woher das kommt: die sozialkritische Intelligenz ist dabei, ins Gras zu beißen, und reagiert fünsch auf alles, was sie überholen wird – all das, was Sie das ›Demokratie-Brave‹ nennen, das Aufklärungs-Gelalle etc. Dazu paßt aufs beste Ihre Nachricht: daß dieser aufgeblähte Muster-Demokrat sich gegen eine öffentliche Ehrung Benns wehren will. Tun Sie nur, was in Ihren Kräften steht, um diesen falschen Tugendwächter bloßzustellen. Bei dieser Nachricht ist mir nicht nur Wut, sondern leider auch Scham hochgekommen: daß ich so wenig vermag – und jetzt schon gar nicht mehr, mich öffentlich zu äußern. Gerade in Zusammenhang mit einem Dichter, dem ich mich so tief verpflichtet fühle wie Benn, diesem größten Melancholiker der Moderne, der ohne große Allüren auskam, nur Skepsis brauchte und Sentiment, den Alltag und die ›großen Geister‹ – »dicht bei der Heizung, denn du liebst das Warme / Um dich das Menschentum und sein Gebarme«. Ach ja. Ich hatte immer vor: irgendeine Form der schriftstellerisch-biographischen Annäherung an diese Gestalt, auch gerade in Rücksicht auf seinen zeitgeschichtlich so wechselhaften Ruhm und seine uns wieder aufgekommene Verpönung, als deren letzter Repräsentant, wie ich doch wohl hoffe, unser dummer Akademie-Präsident zu gelten hat. (...)

Lassen Sie uns also auf jeden Fall ein Wiedersehen planen für das Frühjahr, wenn Sie nach Berlin kommen.

Bis dahin wünsche ich Ihnen – und der Familie! – alles Gute und bedanke mich für Ihre ermutigenden Zeilen

Ihr
Botho Strauß

Wilhelm Hauff
an Johann Friedrich Cotta, 29. 07. 1826

Aachen d. 29. Juli 1826

Hochwohlgeborener,
sehr verehrter Herr!

Mit einem Gefühl von Rührung, dem nur meine Bewunderung gleichkam, habe ich jene Zeilen durchlesen, die Sie die Gnade hatten für mich niederzuschreiben. Diese Zeilen versetzten mich in die Tage meiner Kindheit, wo ich so oft von einem gütigen Manne sprechen hörte, der nach dem

Tode des Vaters der Mutter so freundlich zu Hülfe gekommen, um ihr das schwierige Geschäft, vier Kinder aufzuziehen, zu erleichtern. Wir sind herangewachsen, die Söhne sind in jenem Alter, wo sie sonst der letzten Hülfe des Vaters bedürfen, um sich zu rüsten für das öffentliche Leben, und auch hier wieder treten Sie mit denselben edelmütigen Gesinnungen zu dem Sohn, um in noch höherem Maßstabe das auf ihn überzutragen, was Ihnen schon die Eltern dankten.

(...) Man hört hin und wieder die Klage aussprechen, das beste belletristische Blatt unseres Vaterlandes habe an Gehalt verloren. Weit entfernt in dieses Urteil, wie es hier gegeben ist, einzustimmen, behaupte ich, nicht das Morgenblatt hat verloren, sondern die *Zeit* hat sich geändert, und der Geschmack des Publikums ist ein anderer geworden; ob zum Vorteil der Wissenschaft und der allgemeinen Bildung, möchte die Frage sein. Es haben sich seit 10–12 Jahren einige beliebte Dichter mit Glück auf die Novelle, auf den kleineren Roman geworfen; sie teilten die Früchte ihrer Arbeit durch die schöngeistigen Blätter dem Publikum mit und verwöhnten dadurch den Geschmack der Menge so, daß man jetzt ernstere Aufsätze, herrliche Gedichte u. dgl. nur flüchtig liest oder überschlägt.

Die meisten Blätter huldigten dem Geschmack des Publikums, und ein *Van-der Velde*, eine Schoppenhauer, eine E. Püchler sorgten dafür, daß es nicht an Romanen und Novellen, nach dem Maßstabe der Blätter gefertigt, fehlen möchte. Das Morgenblatt behielt seinen schönen Zweck im Auge, nicht dem flüchtigen Geschmack der Menge zu huldigen, sondern als wissenschaftliches Institut einer all-

gemeinen Bildung sich zu widmen; daher schloß es nichts aus, was dieser allgemeinen Bildung förderlich wäre, ja selbst strengwissenschaftliche Abhandlungen waren für seinen Zweck nicht zu ernst. Wie aber nach und nach für je-
94 | den Teil des Wissens eigene Institute entstanden, da fragte man sich, warum gibt das Morgenblatt der allgemeinen Naturkunde, warum selbst der Theaterchronik einen so großen Raum, warum läßt es die heitere Kunst der Erzählung, die oft auch den ernster denkenden Mann zu fesseln weiß, so spärlich, nur hin und wieder auftreten? Ich gestehe, diese letztere Frage teile ich; weit entfernt den schönen Zweck des Institutes, für allgemeine Bildung, tadeln zu wollen, glaube ich nur, wenn den Theaterberichten, die denn doch selten auf die höheren dramatischen Grundsätze Rücksicht nehmen, weniger Raum gegeben würde, wenn man der erzählenden Dichtung ein größeres Feld, eine öftere Wiederkehr einräumte, würde das Blatt an wahrem, innerem Gehalt nicht verlieren, es würde seinen allgemeinen Zweck wie zuvor verfolgen und dennoch eine freundlichere, lockendere Außenseite, ein, ich möchte sagen, zeitgemäßeres Gewand erhalten.

Und wie leicht müßte es einem Institut, das sich Ihrer Leitung erfreut, wie leicht müßte es ihm werden, durch heitere Sittenschilderung, durch Erzählung u. dgl. die Lesewelt zu erfreuen, wie leicht müßte es ihm werden, die wenigen Namen, die mit Recht gut genannt werden können, einmal des Jahres in diesen Blättern glänzen zu lassen!

Glauben Sie nicht, verehrter Herr! daß diese Bemerkungen von gestern her sind, oder daß ich sie mache, weil ich selbst im erzählenden Fache arbeite; ich habe viel und lange darüber nachgedacht, denn es kamen mir von zwei Seiten Anträge, ähnliche Institute zu leiten, die ich aber abweisen werde, weil ich solche erst *gründen* müßte.

Ich weiß, Sie denken zu groß, als daß Sie sich durch | 95
diese Bemerkungen eines jungen Mannes beleidigt fühlen könnten, dessen einziges Bestreben ist, durch die Tat zu beweisen, wie sehr er Ihre Großmut zu schätzen weiß. Nehmen Sie nochmals meinen innigsten Dank und die Bitte, mir diese gütigen Gesinnungen zu erhalten. Ich fühle Kraft und Beruf in mir, die literarische Bahn, die ich betreten, nicht aufzugeben. Können meine Bemühungen und Dienste Ihnen zu irgend einer Ihrer schönen literarischen Unternehmungen nützlich sein, so lebe ich der Überzeugung, daß Sie mich nicht vergessen haben werden.

Indem ich die Bitte hinzufüge, mich dem gnädigen Andenken der Frau von Cotta zu empfehlen, bin ich

Hochwohlgeborener, sehr verehrter Herr,
mit den Gefühlen der größten
Hochachtung und Verehrung
Ihr ganz ergebener Diener
Dr. Wilhelm Hauff

Johann Gottlieb Fichte an Johann Friedrich Cotta, 27.04.1795

Jena, d. 27. April 1795

... Es ist mir ein Gedanke gekommen, von welchem ich aber noch nicht weiß, ob ich Muße haben werde, ihn diesen Sommer auszuführen, und den ich Ihnen auf jeden Fall im *engsten Vertrauen* mitteile, wie Sie denn wirklich der Einzige sind, gegen den ich ihn äußere.

Ein gewisses Aufstreben der Weiber, eine Unzufriedenheit derselben mit ihrer politischen Lage gehört unter die Eigenheiten unseres Zeitalters. Dieser Hang ist von Schriftstellern schon benutzt worden, die einen haben ihn begünstigt (über die bürgerliche Verbesserung der Weiber, z. B.) die andern niedergedrückt, getadelt, persifliert. An einer gründlichen Untersuchung fehlt es. Ich glaube, es wäre darüber, etwa in dem Tone eines gewissen Beitrags, ein höchst interessantes Buch zu schreiben.

Johann Georg Sulzer an Johann Friedrich Cotta, 02.11.1800

Bergamo den 2. November 1800

In dem Trübsinn, mein lieber, teurer Cotta! der meinen Geist immer mehr, immer stärker beschleicht, kann ich wohl von Reue sprechen, und darf leider keine Besserung geloben. Wofern ich mit mir selbst zufrieden sein wollte, konnte ich nie schnell arbeiten, mußte oft zum dritten Male zerreißen, was dann auch zum vierten eben so wenig gelang, und nun mit gelähmter Geisteskraft scheint es mir bald eine Torheit, daß ich die Feder noch spitzen mag!

Täusche ich mich nicht auf eine unverantwortliche Weise für einen Mann von meinen Jahren, so verdanke ich den Trübsinn meines Geistes, meine Gedankenlähmung, vorerst der Trennung von meiner Familie und Freunden, dann dem Aufenthalt in einem Lande, das für mich durchaus freudeleer ist, und endlich dem Geist des Zeitalters, der mich an Kopf und Herz zermalmt! Indessen, wer weiß, ob ich nicht den letztern beiden Unrecht tue und auf sie schiebe, was ganz durch das erste verschuldet ward! Gewöhnt an die stillen Freuden des häuslichen und freundschaftlichen Zirkels; gewöhnt, Erholung zu suchen und Erheiterung zu finden durch Auswechslung von Gedanken und Gesinnungen mit gleichgestimmten Menschen; gewöhnt, in der deutschen, französischen, englischen Literatur zu leben und wo nicht durchdachte, doch oberflächliche Kenntnisse aus allem Wissenswerten zu sammeln – hätte ich auf meinem angewiesenen Posten bleiben und in meinem Alter nicht versuchen sollen, mir für die Entbehrung alles dessen den Ersatz aus kaufmännischer Einförmigkeit zu schaffen.

Die *weibliche* Welt taugt hier nicht einen Pfifferling! Vom fünften bis in das fünfzehnte in Klöstern erzogen und gebildet, trippelt sie in das gesellige Leben mit einem leeren Kopfe, mit einem noch leereren Herzen und, was sich kaum erklären läßt, mit einem Hang zur Trägheit, der sogar zu mechanischen Arbeiten alle Lust unterdrückt! Unwissend, abergläubisch, gleichgültig für Freundschaft und kindliche Liebe, unbefähigt, und dabei doch ausgeschlossen von gesellschaftlichem Umgange, lechzt das Mädchen nach den Freuden verbotner oder erlaubter Liebe und zwingt den Eltern seine Verheuratung ab oder entläuft, um dann als Gattin den Schwur der Treue beim ersten Anlaß zu brechen, und aus den Armen des ersten *cavaliere servente* in die Arme von hundert nachfolgenden zu sinken und auf dem Altar der Wollust zu opfern, solange sich Priester finden. Was das Weib an natürlichen Anlagen besaß, was es durch Abgeschliffenheit der Löffelei und der Buhlerkünste erwirbt, dreht sich in dem engen Kreise des Geschlechtstriebs, der Kleidermoden, der Stadtneuigkeiten und der Schmähsucht; sogar dessen Anhänglichkeit an Kinder und Familie ist leere Eitelkeit, kalte Eigensucht und beinahe nirgends Aufopferung wahrer Mutterliebe! Mit den Männern, wenige Ausnahmen abgerechnet, steht es um kein Haar besser! Den niedrigsten Handwerker ausgenommen, wird keiner zu nützlicher Geschäftigkeit, zu anhaltender Tätigkeit gebildet; wenn sie den Kollegien entlassen werden oder entlaufen, stecken sie im Kaffee, beim Spiele, bei Freudenmädchen, im Theater oder auf der Jagd, und verzehren Vermögen, Gesundheit, Manneskraft, bis sie, wenn sie im 30. Jahre heuraten, zu Greisen ausgemergelt sind, und nach besoldeten Aemtern laufen oder kriechen, zu denen ihnen jedes Requisit gebricht! Daß die ehmalige venezianische Regierung dies so wollte, dies gleichsam veranstaltete, und nebenbei die ersten Pflichten der Obrigkeit mit Füßen trat, oder Leben und Eigentum für

Miet und Gaben verkaufte, erniedrigte sie mit Grund zum Greuel des Menschenfreundes wie des Politikers! In einem Umfange von 50 Quadratmeilen, oder im Bergamaskischen, blieben jährlich rund im Durchschnitte 500 Mordtaten unbestraft, weil die Mörder sich mit Geld loskauften,
blieben 1000 Prozesse unentschieden, weil sie in Venedig vermoderten oder mit Geld vorsätzlich aufgezogen, verlängert wurden, und am Ende dann doch der Reiche oder der Freigebigere Recht behielt. Nehmen Sie dazu, daß, wenn die Tochter sich entführen ließ, wenn der Sohn aus dem väterlichen Hause entwich und seine Zeit verliederlichte, die Eltern gesetzlich gehalten waren, dennoch beiden, der Tochter und dem Sohn, einen jährlichen Gehalt auszusetzen und zu bezahlen; daß man weder durch Talente noch Verdienste, noch Kenntnisse, noch Tugenden zu öffentlichen Würden, zu persönlichem Ansehen gelangen konnte, sondern die ersten durch Patriziat oder Adel, das zweite durch Reichtum allein erben oder erschleichen mußte – so werden Sie sich leicht zusammenbuchstabieren, unter welch einem Schlag von Menschen ich lebe. Bis heute scheint derselbe nur eine gute Eigenschaft zu haben: diese, daß der Exvenezianer jedem andern Volke mehr Ehrlichkeit, Rechtschaffenheit und Kenntnisse zutraut als seinen Mitbürgern und sich selbst!

Wir wollen nicht untersuchen, ob Klima oder Regierung den Charakter der Nationen modle! Gewiß ist, daß die Venezianer an sich obige Gebräuche mit sich in ihre Lagunen mitgenommen und trotz aller innern Revolutionen in ihrer Regierungsform unverändert beibehalten haben, und zwar seit dem fünften Jahrhundert. Gewiß ist durch die

Geschichte erwiesen, daß die Provinzen des festen Landes, oder Bergamo, Brescia, Verona usw., noch bevor sie unter Venedigs Oligarchen gerieten, an den nämlichen Fehlern krank gelegen haben und, moralisch betrachtet, das näm-

liche Völkchen geblieben sind! Müßiggang, Sinnlichkeit, Rachbegierde, Streitsucht waren dessen Charakterzüge unter Goten, Longobarden, Sachsen, Franken, Hohenstaufen; in den Zeiten des italienischen Republikanismus, der Herzoge von Mailand, der Venezianer und der Cisalpin! Deren heutige Patrioten *par excellence*, wenn man deren Gesinnungen aus Taten und nicht bloß aus Worten beurteilen kann, haben ihre Weisheit in Kaffeehäusern, ihre Sitten in Bordellen oder bei Ehebrecherinnen, ihre Tugenden am Spieltische erworben!

In der neuen Regierungsform suchen sie wahrlich nicht das Glück des Volkes, den Wohlstand und die veredeltere Sittlichkeit der Nation, sondern größeres und bequemeres Einkommen für sich, Ansehen und Macht zur Befriedigung ihres Stolzes, ihrer Eitelkeit, ihrer Rachbegierde; daher ermangeln sie auch nicht, sich und ihre Angehörigen reichlich zu versorgen, Aemter und Aemtchen, Dienste und Dienstchen, Würden und Würdchen ins Unendliche zu vervielfältigen, jedes über Verdienen und alles weit über die Kräfte und Hülfsquellen der Nation zu besolden: daher schaffen sie Gesetze der Dringlichkeit, Verordnungen für den Augenblick, Abänderungen für Wochen und Tage, wie man solche aus dem Sueton und Tacitus nicht toller, nicht tyrannischer zusammensuchen könnte: alles im Namen der Freiheit und des Vaterlandes! Dies mein Lieber, beleidigt, empört mein Gefühl für Wahrheit und Recht; dies

trübt und verfinstert meine von Natur heitere Laune und schwächt meinen Glauben an die Vorsehung, an die hohe Bestimmung der Menschheit; und desto mehr, da ich nach meinen Grundsätzen, nach meiner innigsten Ueberzeugung dazu schweige, und schweigen muß; denn in einem | 101
Lande, das mich als Fremdling aufnimmt und schützt, habe ich kein Recht zum Tadel, selbst in Gesprächen nicht; habe ich nur eine rechtliche Wahl: entweder mich zu schmiegen oder heimzukehren. Auch schreibe ich dies als im Vertrauen an Sie und für Sie allein, damit es Ihnen die Stimmung meines Geistes, wenigstens zum Teil, erkläre und mir Ihre Nachsicht gewähre!

Zum Teil, sage ich, weil die Lage der Schweiz, meines so heiß geliebten Vaterlandes, mein Herz tief verwundet, mir jede Arbeit erschwert und jede Freude verbittert! Wir waren ein rechtliches, gesetzehrendes, gesetzliebendes Völkchen, und moralisch besser, moralisch glücklicher als kein Völkchen der alten oder der neuen Welt, wofern ich anders uns und die übrigen nicht nach dem äußern Nimbus, sondern nach dem innern Gehalt beurteilen darf. Vollkommen waren freilich weder die Herrscher noch die Beherrschten, denn beide waren Menschen; daß aber vorgebliche Philosophen, vorgebliche Menschen- und Geschichtskenner von den Händeln in Stäfa, im Waadtlande, in Luzern so viel Aufhebens machen, dagegen so leicht wegschlüpfen über alle Greuel in Athen, in Sparta, in Rom, in England, in *Frankreich*; daß der Größe, der Menge dieser Greuel verziehen wird, was sie an den Schweizerregierungen nicht verzeihen wollen, weil deren Greuel klein und an der Zahl nur wenige waren; dies ist mir nur insofern er-

klärbar, als ich voraussetze: Neid gegen die Schweiz und Vorurteil für Frankreich, oder noch besser verschlossene Herrschsucht, verborgner Ehrgeiz, die vom Phantom der *Gleichheit* Befriedigung erwarten, verblenden jenen vorgeb-
102 | lichen Philosophen den Verstand! Nicht minder verblendet ist jeder, der glaubt, jene Auftritte in Stäfa, im Waadtlande seien Grund oder Ursache unsrer Schweizerrevolution gewesen. Personalhaß und Personalgeiz einiger französischer Direktoren, Ehrgeiz und Herrschsucht einiger Vaterlandsverräter, Tugendschwindel und Unwissenheit mehrerer vermeinter Weltverbesserer haben mein Vaterland revolutioniert und ins Verderben gestürzt; und wer die innere Lage der Schweiz kennt, der könnte es *ad oculum* beweisen, daß ohne französische Gewalt 1798 keine Revolution entstanden [und] … die Gegenrevolution ohne Kampf und Blutvergießen gemacht wäre.

Der schlichte Brauchverstand der Schweizer sieht gar wohl ein, daß die Menschen, wenn sie sich zu einem Volke, zu einem Staat vereinen, nicht zur Absicht haben können, *alle Herrscher* zu werden; sonst bliebe jeder für sich unabhängig im Stande der Natur.

Der nämliche schlichte Verstand sieht ferner ein: daß die große Masse nichts wünscht, nichts sucht, als Sicherheit der Person. Sicherheit des Eigentums und leichten Erwerb des letzteren; daß aber alle drei desto gesicherter sind, je kleiner der Staat ist, in dem man lebt, und je kleiner der Sold der zahlreichen Beamten, die diesem Staate vorstehen.

Der nämliche schlichte Verstand sieht endlich ein: daß es besser seie und auch sicherer in einem Staate, der keine bewaffnete Macht besoldet und dessen Vorsteher nur durch Zutrauen der bewaffneten Bürger mächtig sein können, die also dieses Zutrauen der überwiegenden Mehrzahl durch überwiegende Gerechtigkeit, Billigkeit und väterlicher Vorsorge für Hülflose verdienen müssen ... |103

Was ich sagen sollte, wäre kurz: daß ich in Ihrer Zeitung noch kein *rein* unparteiisches Urteil über die Stimmung der Majorität gelesen habe, und daß mir alle, zumal über die Stimmung der Schweizer, aus einem Vordersatz abzufließen scheinen, den wahrlich die Erfahrung noch nicht bewahrheitet hat, und dem auch die reine Vernunft ihre Stimme versagt! Oder *wo* und *wie* wäre unwidersprechlich dargetan, daß bei auffallender Ungleichheit der Kräfte die nötige Gleichheit positiver Rechte dennoch Platz haben könne? Inzwischen beruhet der Streit der denkenden Schweizer auf der Entscheidung dieses Satzes, der Ströme Blut gekostet und seinen täuschenden Wert im Lande seiner Entstehung, wie es scheint, gänzlich verloren hat!

Jean Améry an Michael Klett, 24. 10. 1977

Jean Améry
Avenue Coghen 56
1180 Bruxelles Belgique
24. 10. 77

Lieber Herr Klett:
Die Messe hat mich – ganz abgesehen von den diversen Vorträgen, TV-Aufnahmen etc. – wie ich sehr fürchte, um die letzten Reste meiner Verstandeskräfte gebracht; eine etwas ärgerlich heraufziehende Grippe macht die Sache nicht besser.

Demnach weiß ich gar nicht mehr, ob ich Ihnen im Trubel, in dem wir alle ertranken, ausgesprochen und herzlich genug gedankt habe für den sehr schönen Brief, mit dem Sie das Büchlein über mich einleiteten. Inzwischen habe ich ihn wieder und wieder gelesen, mit Bewegtheit, aber auch mit einiger Unruhe, was angesichts der nun längst nicht mehr auf Deutschland beschränkten terroristischen Aktionen recht wohl zu verstehen ist. »Warum vergibt er uns nicht?« – diese Frage, die Sie – mit vollem Recht! – stellen, ist vielleicht in diesem Augenblick nicht mehr voll gültig. Es ist wahr: was 1933–45 in Deutschland geschah, ist singulär und irreduktibel. – Nun werde ich wohl lernen müssen, zu «vergeben«, da doch eben jene, in denen ich noch gestern so etwas sah wie die Antwortgeber auf die Untaten, deren meine Generation in Deutschland sich schuldig machte, nun ihrerseits und ohne die mildernden Umstände von wirklich dramatischer Misère, «Versailles«

und dergleichen, sich nicht nur in Deutschland als (manifeste und potentielle) Verbrecher und Folterknechte herausstellen. Die Widerlogik einer ver-rückten Geschichte zwang mir sogar zeitweise Solidarität mit dem Ex-SS-Mann Schleyer auf. «Nichts anderes steht zu Gebote als Aufklärung«, schreiben Sie. Aber kommen wir nicht schon zu spät? Schliesst sich nicht auf vexatorische Weise der Ring von Linksaussen zu Rechtsaussen? Und sind die paar besoffenen Bundeswehr-Jungen, die ihre Hände zum Hitlergruß erhoben, nicht am Ende harmloser als die «Revolutionäre«, die Ihren Kanzler umzubringen drohten? Ich nehme nichts zurück; aber ich möchte neue Fragen stellen: etwa jene, die Ihr Brief zusammen mit den Ereignissen mir nahe legen. So viele Fragen und so wenige Antworten!

Seien Sie, lieber Herr Klett, mit der Bitte um Bewahrung Ihres Wohlwollens

sehr herzlich begrüsst von Ihrem

Jean Améry

»Das Leben ist sehr teuer in Rom«

Geld und Honorar

Friedrich Schiller an Johann Friedrich Cotta, 13. 10. 1801

Weimar 13. Oktob. 1801

Sie wollen wissen, lieber Freund, was Sie auf Ostern von mir zu erwarten haben; diese Anfrage führt mich auf eine Erklärung, die ich Ihnen schon mündlich habe tun wollen, aber ich weiß nicht aus welcher Scheu vor allem Merkantilischen bis jetzt verschoben habe.

Endlich glaube ich mich, was die Schriftstellerei betrifft, auf dem Punkte zu befinden, wohin ich seit Jahren gestrebt habe. Der schnelle und entschiedene Erfolg, den meine neuesten Stücke, zu denen ich auch die Jungfrau von Orleans rechnen darf, bei dem Publikum gehabt haben, versichert auch den künftigen Entreprisen in diesem Fache einen ungezweifelten Succeß, und ich darf endlich hoffen, ohne Ihren Schaden, meine Arbeiten im Preise steigern zu können. Sie kennen mich genug um zu wissen, daß Gewinnsucht nicht unter meine Fehler gehört, und eben so wenig ist es ein unanständiger Dünkel, wenn ich meine Produkte höher als sonst taxiere. Es hat eine edlere Ursache, deren ich mich keineswegs schämen darf, es entsteht aus der Begierde, meinen Arbeiten einen höheren inneren Wert zu verschaffen. Zum Guten und Vollendeten aber gehört Muße, und ich kann, bei meiner abwechselnden Gesundheit, nur weniges unternehmen. Ein bedeutendes neues Glück ist alles, was ich in Einem Jahre liefern kann, und ich will also nicht meine *Lage* sondern meine *Werke* dadurch verbessern, wenn ich sie höher taxiere ...

Indem ich annehme, daß Sie von meinen künftigen Stük-
110 | ken eine größere erste Auflage wagen können, besonders wenn Sie das Stück in der Form eines Kalenders geben; indem ich voraussetze, daß der Absatz von dreitausend Exemplarien gewiß und ein höherer Absatz sehr wahrscheinlich ist, so glaube ich den Preis von 300 Dukaten auf ein neues großes Originalstück, so wie die Maria oder die Jungfrau ist, setzen zu dürfen. Ich begebe mich aber dadurch zugleich jedes Anspruchs an einen weitern Gewinn, der Absatz mag so groß sein als er will und der Auflagen so viele, als während drei Jahren davon erfolgen können; und reserviere mir nichts als meine Rechte auf die künftige Sammlung meiner Theaterschriften.

Ich führe Ihnen nicht an, daß andre Schriftsteller, denen ich nicht glaube weichen zu müssen, ebenso vorteilhafte Kontrakte geschlossen; oder daß andre Verleger mir dergleichen Erbietungen getan. Dies sind keine Argumente, die zwischen Ihnen und mir gelten. Auch weiß ich aus Erfahrung, wie bereitwillig Sie sind, mich an dem Gewinn bei meinen Schriften Anteil nehmen zu lassen, – aber hier kommt es darauf an, daß ich mir von meinem schriftstellerischen Fleiß einen bestimmten Etat gründe, daß ich weiß woran ich bin und mich aller merkantilischen Rücksichten, die mir bei meinen Arbeiten nur störend sind, einmal für allemal entschlage ...

Dies ist meine Erklärung und nun mögen Sie als Kaufmann und als Freund darüber verfügen.

Jean Paul an Johann Friedrich Cotta, 09. 11. 1807

Bayreuth d. 9. Nov. 1807

Hier, lieber alter Freund, haben Sie wieder einige Blättchen | 111
für das Morgenblatt. Nur fürcht' ich, ich bekomme wieder meinen Krieg mit dem Zensor, der so viel Scherz verbietet, daß man am Ende nur ernsthaft und in der Kirche sein könnte. Was können denn meine Scherze schaden, die unter Tausenden nur so Wenige verstehen? und die auf alle Zeiten passen? Dazu kommt noch, daß ich ja in Ihrem Staate nicht lebe und also unmöglich auf einen Unbekannten anspielen kann. – In jedem Falle geb' ich diesen Aufsatz *nur unter der Bedingung*, daß ich vorher wisse, welche Lücke der Zensor hineinreiße. Doch lieber lass' ich mir *ganze* Sätze und Absätze wegstreichen als *halbe*, oder einzelne Worte, sobald ich der letzteren *Ergänzung nicht nachholen darf.*

Da ich nun überall Bestimmtheit so suche wie Sie es tun: so bitt' ich Sie inständig, mir *nach* dem Vorschuß Ihrer Bezahlungen endlich zu sagen, in welchem *kaufmännischen* Verhältnisse wir beide jetzt stehen. Ueber das *freundschaftliche* tut mein Gefühl keine Frage; denn ich kenne Ihre schöne wagende Kraft, der nichts fehlt als ein London oder Paris ...

Ich schließe – obwohl anders als die Hof- und Weltleute, die keine Rechnung lieben als die, die sie machen, nicht aber erhalten – ich schließe mit der Bitte um eine.

Leben Sie wohl! Das heißt, Gott gebe, daß die Buchhändler Sie bezahlen.

Johann Wolfgang von Goethe an Johann Friedrich Cotta, 15. 12. 1807

Jena den 15. Dezember 1807

... Mögen Sie mir eine Anweisung auf dreihundert Taler schicken, daß ich sie in Leipzig nach dem neuen Jahr erheben könne, so geschieht mir ein Gefalle. Die endliche Abzahlung der Kontribution macht eine solche Geldklemme von allen Seiten, daß selbst eine wohleingerichtete Haushaltung sich für den Augenblick in einer engen Lage befindet...

Johann Wolfgang von Goethe an Johann Friedrich Cotta, 10. 5. 1812

Karlsbad d. 10. Mai 1812
Bei den drei Mohren.

Wie sehr hätte ich seit dem siebzehnten vorigen Monats gewünscht daß der edle Schiller noch leben möchte; er war bei unsern Angelegenheiten ein so lieber als glücklicher Mittelsmann. Was mich betrifft, so fühl ich immer aufs neue wie peinlich es ist, mit Personen, mit denen man nur in sittlichem Verhältnis zu stehen wünscht, über ökonomische Gegenstände zu handeln. Daher ließ uns auch wohl beide unsere letztere Zusammenkunft unbefriedigt, und ich fühle mich gedrungen nunmehr nachzuholen was ich damals zu eröffnen versäumte.

Ich kann nämlich meine biographischen Arbeiten vorerst nicht weiter publizieren, wenn Ew. Wohlgeboren den Band nicht mit zweitausend Talern honorieren können, so daß ich auch auf den ersten fünfhundert Taler Nachschuß erhielte. Ich beziehe mich auf alles was ich früher über meine Lage eröffnet und füge nur soviel hinzu: daß abermals dringende Umstände meine Erklärung beschleunigen, mit der ich ungern hervortrete. | 113

Darf ich Sie um eine baldige Antwort ersuchen? da ich, im bejahenden Falle, Anfang August nach Weimar zu gehen, im verneinenden meinen Sommer- und Herbstbeschäftigungen eine andere Richtung zu geben gedenke.

Hochachtend und vertrauend!

Wilhelm Waiblinger an Johann Friedrich Cotta, 29. 12. 1826

Rom d. 29. Dez. 26

Nehmen Sie meinen Dank für die gestern durch Torlogna an mich gekommene Sendung von 50 Skudi. Seit fünf Wochen bin ich in Rom, kann aber noch nicht weiter als von Eindrücken sagen, denn mein Herz geht meinem Verstand voraus, und ich glaube, so wird es jedem ergehen, der auch nur halb mit meiner Sehnsucht hierher kam. Beiliegende Skizze meiner Reise schick' ich Ihnen fürs Morgenblatt zu und bitte nur, dieses Wenige, was ich unter dem Sturm so unzähliger Erscheinungen festzuhalten und für jetzt darzustellen vermochte, für das anzunehmen, was es ist und sein will, und nicht auf Späteres zu schließen, was bei voller Reife nach dem Sonnenbrand des ersten Sommers gebrochen werden wird. Ich bin mit den ersten Künstlern in glücklichem Verhältnis und habe außer je-

nen Wundern von Jahrhunderten und Jahrtausenden täglich Gelegenheit, meine Ansicht da und dort zu gründen, zu berichtigen oder abzuschließen. Mit einem Wort, ich bin so glücklich, auch nicht das kleinste Hindernis mehr für meine Ausbildung in meinen heiligsten Bestrebungen im Wege zu haben.

Ich war, als ich hieher kam, genötigt, eine Empfehlung von Herrn v. Matthison bei Herrn v. Kölle zu benützen und um einen Vorschuß zu bitten, muß aber bedauern, vielleicht an Ungebührliches gedacht zu haben, weil schon nach Verfluß von einigen Wochen auf eine empfindliche Weise die Rückzahlung gefordert wurde. Ich ward aber andererseits von Freunden bieder genug der Verlegenheit entrissen, bis Ihre gütige Zusendung ankam. Ich habe nun durch das unablässige Herumwandern und den Tribut, den auch der vorsichtigste Fremde dem Italiener bezahlen muß, trotz gewissenhafter Eingezogenheit und einem dem allgemeinen sparsamen Künstlerleben in Rom durchaus gleichen Verhalten, zum Teil auch, weil ich manches anschaffen mußte, doch schon soviel gebraucht, daß mir nach Abzahlung des Geborgten nur noch zehn Skudi übriggeblieben sind. Das Leben ist sehr teuer in Rom. Übrigens aber fallen viele Kosten für die Zukunft weg. Immerhin aber sind täglich für Logis, Kost, Bedienung, vermischte Ausgaben und besonders für die vielen Trinkgelder 9–10 Paoli nötig.

Möchten Euer Hochgeboren aber nicht ermüden und bei der großmütigen Gesinnung verharren, mit der Sie mich auf die rechte Bahn zur Erreichung meiner Lebens- und Bildungszwecke gebracht haben. Wenn es Ihnen dereinst meine Arbeiten beweisen, kann ich Ihnen erst mit einem freudigen Blick auf meine großen Verpflichtungen gegen Sie sagen, daß Sie derjenige sind, dem ich unter den Edelmütigsten der Sterblichen am meisten verdanke. Und wüßten Sie, was bei jedem Sonnenuntergang *in Rom in mir vorgeht*, so würden Sie glauben, daß dies ungeheuchelte *innige Wahrheit* ist.

Dante, Architektur, Kunstgeschichte ist den Winter hindurch mein Studium. So, indem ich Rom verstehen lerne, arbeit' ich für meine wissenschaftlichen und dichterischen Zwecke und kann wohlvorbereitet mit dem *Frühling* nach Neapel und Sizilien wandern ...

Ingomar von Kieseritzky an Michael Klett, 05.10.1976

lieber herr klett,
geschüttelt von postpharaonischen diarrhöe-unterbrechungen (verbunden mit analthrombotischen arabesken, wie wenn alles auf einmal ans dumme licht wollte) danke ich sehr für den schönen grünen (leicht ophelia im teichton) brief; ägypten ist nun auch schon 10–14 tage her – bei derlei beschwerden entgleitet einem die zeit aus schwäche,

das hat etwas greisenhaftes, über begleitlektüre schreibe ich lieber nichts – und war sehr erschöpfend; vier stunden reiten pro tag, 50 C, überhitzte limousinen und dann noch die wahrnehmung dessen, womit das land am peinlichsten zu tun hat – überbevölkerung, armut, schmutz (honig und urin und kameldung), blut, hitze und dazwischen für das erlahmende bewusstsein als geissel die reflexe der sonne auf stahlblech und chrom; aber genug. immerhin weiss man, dass ein aufenthalt in Ä. keine erholung ist, das reiten ein beinahe sakral reinigender akt und das stella-birra dünn.

die zahlen, die der verkauf von Trägheit hinterlassen hat, sind etwas trübsinnig. vielleicht sollte man auf mehr zeit setzen oder einen verriss des wackeren »realismus«-streiters R-ranicki.

wenn man allerdings liest, welche insipiden bücher von welchen insipiden, der erlösung (wie das publikum) bedürftigen kritikern in günstigere marktlagen geschoben werden, müsste man sich auf den kopf schlagen.

träge und sprunghaft zugleich, fasse ich diverse pläne, von denen sich ausführlich nur schlecht schreiben lässt. der autor hofft auf einen intensiven besuch; der modifizierte auch die berliner depressionen, denen ich natürlich nur allein höflich stattgebe, damit sie schneller verschwinden.

mit getrennter post schicke ich ihnen centiglorias menschenfresserroman, angenehm vor einem zarten lammbraten zu lesen.

wie ist der gesundheitszustand ihrer liebenswürdigen frau, die ich sehr artig zu grüssen bitte?

hoffentlich gibt es keine zufuhr mehr von sog. katabolischen enzymen, eine immer heikle sache, über die es noch keine nennenswerten langzeit-versuche gibt.

ach, ich mache mich wieder ans hörspielschreiben (die reise war teuer), in diesem fall an Limbus II oder Plum Blossom, die bislang immer komplizierter wird, als es das kollektive sensoriom des senders erlaubt; eine doppelschlinge mit vier knoten.

Ich bin herzlich

Ihr Ingomar Kieseritzky

Friedrich de la Motte-Fouqué an Johann Friedrich Cotta, 28. 12. 1815

H. v. Kleist war am 21. 11. 1811 gestorben; darauf erschien im Cotta'schen »Morgenblatt« im Dezember 1811 der Artikel »Öffentliche Seligsprechung und Vergötterung des Mords und Selbstmords in Deutschland« von F. Ch. Weisser, in dem de la Motte-Fouqué das Andenken Kleists verunglimpft sah.

Nennhausen bei Rathenow, am 28. Dezember 15

Ew. Wohlgeboren

gütiges Schreiben vom 16. Dezember sichert mir die nahe Zahlung von 30 Fr.d'or zu. Nun aber muß ich Ihnen gestehn, daß ich für die nächsten Wochen mindestens noch einmal so viel brauche. Ich bitte Sie also, durch Ihren Kommissionär in Leipzig 15 Fr.d'or an H. Kriminalrat Hitzig in Berlin, Husarenstraße Nr. 18, und andre 15 Fr.d'or an mich absenden zu lassen. Glauben Sie nicht, dieser etwas dreisten Forderung halber, ich sei ein unordentlicher Schriftsteller, der fortdauernd sein Honorar voraus begehre. Vielmehr ist mir so etwas an und für sich selbst zuwider. Doch

in der Voraussetzung, bald nach der Michaelismesse auf allen Fall »Sängerliebe« und wahrscheinlich auch die beiden ersten Abteilungen meiner Gedichtesammlung honoriert zu sehn, habe ich mich auf eine Weise gestellt, welche mir nun den oben geäußerten Wunsch unausweichlich vorschreibt. Hoffentlich wird Ihnen unser fortgesetztes Verhältnis mein Verfahren nie im ungünstigen Lichte zeigen ...

Gern würde ich zum Morgenblatt Beiträge liefern, wenn mir nicht bis jetzt ein persönliches Verhältnis entgegenstände. Ich gehörte zwar nicht zu Heinrich Kleists nächsten und vertrautesten Freunden, aber ich war ihm doch nahe und innig befreundet. Ich muß daher – in Hinsicht auf frühere Ereignisse – bitten, daß mein erster Beitrag ein Aufsatz über den Dichtercharakter des edlen Unglücklichen sein dürfe. Alle Rück- oder Seitenblicke würde ich dabei gern weglassen. Es genügt, daß in einer Zeitschrift, wo sein Grab durch einen schlimmen Angriff verunruhigt wurde, auch eine Stimme zu seinem Preise laut werde. Können Sie mir dieses verstatten, so wird es mir eine Freude sein, mich so vielen geehrten Mitarbeitern des Morgenblattes anzuschließen. Können Sie es aus irgend einem Grunde nicht – nun, so bin ich überzeugt: wir verargen einander gegenseitig unsre Weigerung nicht und beharren in dem gewohnten Vertrauen, und jeder erkennt, daß auch hierin der andre tat, was er als recht und gut einsah.

Johann Peter Eckermann an Johann Friedrich Cotta, 21. 12. 1825

Weimar, den 21. Dezember 1825 | 119

Als wir beim Beginn der Verhandlungen über die neue Ausgabe der von Goethischen Werke ein Honorar von hunderttausend Talern sächsisch für das Verlagsrecht auf zwölf Jahre mit Übertragung sämtlicher den Nachdruck verbietender Privilegien der deutschen Bundesstaaten als nicht unbillig voraussetzten, eröffneten Ew. Hochwohlgeboren uns nicht allein eine Aussicht auf diese, sondern zeigten sogar im Hintergrunde noch größeren Gewinn.

Hierauf gründete sich auch der Entwurf zu einem festzustellenden Kontrakt über dieses Unternehmen, wenn manche Nebenerörterungen, nicht ohne Wichtigkeit für das Geschäft, beseitigt sein würden.

Da sich nun durch Ew. Hochwohlgeboren letztes Schreiben vom 30. November d. J. die Sache immer mehr aufklärt, so verfehlen auch wir nicht noch Folgendes zu bemerken ...

Alle zeitherigen Anträge und darauf gegründete Gebote zeigen deutlich, daß ein Absatz von vierzigtausend Exemplaren der projektierten Werke in nicht gar langer Zeit zu erreichen sei, wenn solche dem Publikum auf eine gehörige Weise dargeboten würden. Daher geht unser modifizierter Vorschlag dahin, auf gedachte Anzahl von vierzigtausend Exemplaren sogleich zu kontrahieren und das Honorar von hunderttausend Talern sächsisch in bestimmten Terminen abgetragen zu sehen.

Die ganze Ausgabe würde in vier Jahren zu vollenden sein, jährlich zwei Lieferungen, jede zu fünf Bänden, welche der Autor sukzessive abreicht.

Dagegen würde von Messe zu Messe der achte Teil des
120 | Honorars mit zwölftausendfünfhundert Talern sächsisch gezahlt.

Und wie nun schon bestimmtermaßen das Verlagsrecht auf die Privilegien der deutschen Bundesstaaten auf zwölf Jahre gesichert wird, so bleibt es auch bei der verabredeten doppelten Buchführung über dieses Geschäft, damit, wenn erwiesen ist, daß vierzigtausend Exemplare abgesetzt sind, alsdann die Bedingung einträte, daß dem Autor oder den Seinigen von zehntausend ferneren Exemplaren abermals zwanzigtausend Taler sächsisch zugute kommen ...

Den Wunsch, auch nach Ablauf des gegenwärtigen zu schließenden Kontrakts das alte Verhältnis fortdauern zu sehen, glaubt man in dem Entwurf auch schon durch den Vorschlag ausgesprochen zu haben, daß beide Teile drei Jahre vor dem Ablauf desselbigen zusammentreten und sich wegen des Ferneren besprechen möchten. Sollte, wie nicht wahrscheinlich, alsdann keine Vereinigung zu treffen sein, so müßte eine Konkurrenz eröffnet werden und dem Autor frei bleiben, dem Mehr- oder Minderbietenden seine Rechte weiter anzuvertrauen. Denn es kann in diesem Falle, wie man auch diesmal gesehen, nicht auf Mehr und Minder allein ankommen, sondern auf das Vertrauen, welches die Verlagshandlung einflößt: wie wir es denn auch diesmal, nach unseren frühesten Ansichten, mit voller Überzeugung Ew. Hochwohlgeboren zugewendet haben.

»Ich wünsche, daß das Ganze heiter aussehen möge«

Handwerkliches und Druckfehler

Johann Wolfgang von Goethe an Johann Friedrich Cotta, 07. 02. 1803

Weimar am 7. Febr. 1803

Die ersten neun Bogen des Cellini sind angekommen, Druck und Einrichtung gefällt mir recht wohl, nur finden sich leider recht böse Druckfehler.

Führen Sie doch, wertester Herr Cotta, Ihren Korrektoren die Sorgfalt zu Gemüte, mit der ein Schriftsteller, der etwas auf seine Sachen hält, ein Manuskript durchgeht, um die Darstellung des Sinnes ins Bessere und Klarere zu bringen. Welche abscheuliche Empfindung ist es nun, wenn man sieht daß der Leser, durch solchen Widersinn, gerade um den Genuß solcher Stellen gebracht wird, bei deren Bearbeitung man sich vielleicht lange verweilt hat.

Johann Gottfried Seume an Johann Friedrich Cotta, August 1804

(August 1804)

Ihr gütiges Zutrauen, daß Sie mich zur Mitarbeitung an Ihrem Journal einladen, ist mir allerdings schmeichelhaft und ehrenvoll. Aber meine einsame, stille, isolierte Lage

gibt mir äußerst wenig Gelegenheit zu politischen Uebersichten, und meine individuelle Stimmung ist nicht gemacht, die wenigen Gelegenheiten, die sich vielleicht noch darbieten, so zu benutzen, daß ein warmes Interesse für
124 | unser deutsches Publikum, so wie es ist und sein kann, hervorginge. Eben weil ich ein freimütiger unbefangener Mann bin, habe ich über die meisten öffentlichen Dinge nichts zu sagen, was frommen könnte. Vorzüglich habe ich seit einiger Zeit den wenigen Anteil noch verloren, den ich sonst noch an kosmopolitischen und literarischen Erscheinungen hatte. Es geht alles ganz gemächlich zurück zum alten Unsinn; die Menschen sind nicht wert, daß etwas für sie gewagt werde. Die Guten und Vernünftigen mögen einsam für sich brüten: die Hoffnung für Humanität ist mir auf lange Zeit wieder verschwunden. Wo ich es nicht strenge für meine Pflicht halte, werde ich nicht aus mir heraus treten. Sie haben allerdings und das deutsche liberalere Publikum einen großen Verlust erlitten; vielleicht wird er durch irgend einen guten, hellen, warmen Kopf wieder ersetzt. Meine Verhältnisse erlauben mir wenig Beschäftigung mit Literatur, und ohne diese und einigen Enthusiasmus geschieht nichts Ausgezeichnetes.

Wenn ich Ihnen übrigens bei irgendeiner Gelegenheit mit einem Aufsatz, der mir nicht ganz gleichgültig scheint, einen Gefallen tun kann, so werde ich es mit Vergnügen tun. Daß ich für Gold und Namen und Lärm und dergleichen Firlefanz nichts mache, bürgt Ihnen gewiß mein Charakter.

Ich empfehle mich Ihrer Gewogenheit!

Seume

Eduard Mörike an die J. G. Cotta'sche Buchhandlung, Stuttgart, 09. 03. 1866

Eduard Mörike schrieb auch Gutachten für den Verlag. | 125

Verehrlicher J. G. Cotta'schen Buchhandlung.

Der norddeutsche Dichter, der Ihnen seine jüngsten Lyrica vorlegt, war mir aus einer früheren, gedruckten Sammlung bekannt. Wenn diese nur wenig Erfreuliches bot, so scheint der Verfasser inzwischen eher zurück- als vorwärtsgegangen zu seyn.

Es herrscht in den neuen Gedichten eine gedankenlose, öde Sentimentalität, die es zu einer festen Gestaltung durchaus nicht bringen kann, worin uns auch gar nichts anmuthet; mitunter eine Lebenslust in Liedern von unächtem Ton und erzwungenem Ausdruck. Bei der sichtbarsten Armuth und Leerheit will Alles doch bedeutsam, tief und eigen seyn, und wo der Verf. im Gegensatz zu jenen schwächlichen Gefühlen und matten Phantasien hin und wieder etwas von Kraft, von innerlich kämpfenden Elementen durchblicken lassen will, wird er nur unschön grell. […]

Aus alle dem Bemerkten geht für mich mit Gewissheit hervor, daß ein Verleger sich von Publication dieses Büchleins weder Ehre, noch anderweitigen Vortheil zu versprechen hätte. Mit bekannter Hochachtung verharrend,

Stuttg. d. 9. März 66. Dr Ed. Mörike

Johann Wolfgang von Goethe an Johann Friedrich Cotta, 30. 09. 1805

W. d. 30. Sept. 1805

Mit der heutigen fahrenden Post ist Wilhelm Meister abgegangen. Er wird, da wir zwei der bisherigen Bände nunmehr in einen Band zusammennehmen, den zweiten und dritten Band der Werke ausmachen.

Sie können nunmehr, wertester Herr Cotta, den Druck und das ganze Arrangement überlegen, ja Sie schicken mir vielleicht eine Probe des Drucks und Papieres. Ich wünsche, daß das Ganze heiter aussehen möge.

Doch ist mir daran nicht so viel gelegen, als an der Korrektheit des Druckes, als worum ich inständigst bitte. Sie sehen, das Exemplar ist mit großer Sorgfalt durchgegangen und korrigiert, und ich würde in Verzweiflung sein, wenn es wieder entstellt erscheinen sollte. Haben Sie ja die Güte einem sorgfältigen Mann die Revision höchlich anzuempfehlen, wobei ich ausdrücklich wünsche, daß man das übersandte Exemplar genau abdrucke, nichts in der Rechtschreibung, Interpunktion und sonst verändere, ja sogar, wenn noch ein Fehler stehn geblieben wäre, denselben lieber mit abzudrucken. Genug, ich wünsche und verlange weiter nichts als die genauste Kopie des nun übersendeten Originals.

Die kleineren Gedichte, welche den ersten Band ausmachen sollen, sind alle wieder ins Manuskript geschrieben und sollen auch, wohlgeordnet, ehstens ankommen. Ich denke doch ungeachtet des Kriegswesens kann man diese Dinge der Post anvertrauen.

Was ich in den vierten Band bringe, darüber bin ich mit mir selbst noch nicht einig. Ist es mir einigermaßen möglich, so tret ich gleich mit Faust hervor. Er und die übrigen | 127
holzschnittartigen Späße machen ein gutes Ganze und würden bei der ersten Lieferung gleich ein lebhafteres Interesse erregen. Bezeichnen Sie mir den letzten Termin, wann Sie das Manuskript vom vierten Bande haben müssen, damit ich einigermaßen meinen Ueberschlag machen kann.

Sagen Sie mir doch auch ein Wort wie es in Ihrer Gegend steht und aussieht, und lassen mich gleich erfahren, wenn die Sendung von Wilhelm Meister angekommen ist.

Johann Wolfgang von Goethe an Johann Friedrich Cotta, 25. 11. 1805

Jena d. 25. Nov. 1805

Die übersendete Probe des Drucks möchte wohl im ganzen für lesbar und annehmlich zu halten sein, ob sie gleich nicht so modern und lustig aussieht, als wir es im nördlichen Deutschland gewohnt sind. Dabei will ich Ihnen völlig überlassen, was Sie etwa durch neue Schrift und sonstige Einrichtung zum guten Ansehen der Ausgabe weiterhin besorgen wollen.

Weit mehr liegt mir am Herzen die Korrektheit des

Druckes. Auf dem zurückgehenden Blatt sind schon ein paar Dinge zu bemerken, und ich muß gestehen, daß mich das erste Stück der Schellingschen neuen Zeitschrift in Furcht und Schrecken gesetzt hat, wo entstellende Druck-
128 | fehler den Leser, der nicht sein Buch korrigiert hat, oder es nicht durch Korrekturen verderben will, äußerst irre führen. Zwar sind Sie in Oberdeutschland nicht allein mit dem Uebel geplagt. Hinter Bartholdys Reisen, in der Realschulbuchhandlung zu Berlin gedruckt, stehen drei Blätter Druckfehler und man kann wohl sagen, daß dieser wackre Reisende von der Nachlässigkeit des Korrektors mehr gelitten hat, als von allen Türken, Griechen und Arnauten zusammen.

Selbst Kartone sind ein schlimmes Mittel. Oefter werden sie auf ander Papier gedruckt und das eingeklebte wird immer, besonders aber beim Aufschlagen guter Exemplare, empfunden ...

Sie werden an der Sorgfalt, womit Wilhelm Meister durchgegangen ist, unsern Ernst sehen, etwas Reinliches zu liefern. Tun Sie das Mögliche, mir jene schmerzlichen Empfindungen zu ersparen.

Der erste Band kann auch Anfang Dezember abgehen. Ich behalte ihn gern noch bei mir, weil sich hier und da noch ein kleines Gedicht zum Einschalten findet. Ich habe freilich diese Dinge von jeher mit zu weniger Sorgfalt behandelt.

Den Faust, dächt ich, gäben wir ohne Holzschnitte und Bildwerk. Es ist so schwer, daß etwas geleistet werde, was dem Sinne und dem Tone nach zu einem Gedicht paßt. Kupfer und Poesie parodieren sich gewöhnlich wechselsweise. Ich denke der Hexenmeister soll sich allein durchhelfen.

Indessen an der Donau die wundersamsten Dinge geschehen füllt sich unser Thüringen mit Soldaten. Das
Inkalkulable der Zustände läßt Furcht und Hoffnung *in* |129
suspenso und jedermann sucht nur über den Augenblick hinzukommen. Sagen Sie mir manchmal Ihre Ansicht, auf die ich immer viel Vertrauen hegte.

Jean Paul an Johann Friedrich Cotta, 13. 01. 1807

Bayreuth d. 13. Jenn. 1807

Dies ist ja köstlich, daß wider mein Erwarten mein Scherzgedanke Ihr Blatt anfangen konnte. Nur wirft der Teufel – nicht der Setzer – mir in meine Freude wieder verdammte Druckfchler wie Fliegen in eine Brautsuppe; deren Anzeige ich Sie im nächsten Blatte zu geben bitte …

Jean Paul an Johann Friedrich Cotta, 28. 09. 1812

Bayreuth d. 28. Sept. 1812

Hier sind, mein guter Cotta, zwei Bände der *Vorschule*. Der dritte, mit weniger Zusätzen, folgt Ende Oktobers. Darauf kommen monatweise die nur in den Abschriften noch nachzubessernden Bändchen der *Levana*. Ich flehe Sie aber ordentlich an, daß Sie meine *sieben Bitten* an den Setzer zu Ihren sieben Befehlen an ihn machen ...

Ich glaube durch meine Zusätze die Vorschule um ein Drittel besser und um zwei Drittel systematischer gemacht
130 | zu haben und so um drei Drittel recht.

Sieben Bitten an den Herrn Setzer der Vorschule.

Ob ich gleich nicht das Glück Ihrer Bekanntschaft habe, sondern erst einigermaßen durch das Setzen der Vorschule erhalten werde: so wende ich mich doch mit sieben Bitten an Sie.

Erste – Wo im gedruckten Texte *vide* und eine *rotgeschriebene* Zahl steht, da suchen Sie im Manuskripte diese auf;

zweite – dann drucken Sie so lange aus diesem bis eine *rote Linie* kommt; darauf kehren Sie wieder in das Gedruckte zurück –

dritte – die Noten im Manuskript bringen Sie immer unter die rechte *rote* Zahl

vierte – S. 74 im Gedruckten steht *vid.* 74, ob es gleich heißen sollte *vid.* 27; lassen Sie sich aber nicht irre machen, denn ich zähle dann fort 75, 76,

fünfte – machen Sie nicht die falschen Genitiv-S wieder lebendig, die ich ausgestrichen; z.B. nicht Wahrheitsgefühl, sondern Wahrheitgefühl.

sechste – die Vorrede zur zweiten Auflage wird früher gedruckt als die zur ersten

siebente – und diese ist die Hauptbitte: sagen Sie Amen! d. h. ja ja, es soll also geschehen.

Leben und setzen Sie wohl!

Der Verf.

»Kein Beileid, aber Respekt ...«

Krankheit, Klage und Tod

Friedrich Schiller an Johann Friedrich Cotta, 25.02.1805

Das letzte erhaltene Schreiben Schillers an Cotta.

Weimar 25. Febr. 1805

... Geben Sie uns bald gute Nachricht von Ihrem und der Ihrigen Befinden. Alle meine Kinder waren diesen Winter an den Windblattern krank und das kleinste sehr hart angegriffen. Jetzt geht es wieder gut, ob ich gleich noch immer selbst an den Folgen meines Katarrhfiebers leide und sehr entkräftet bin. Goethe war auch sehr krank an einer Lungenentzündung und es stand einige Tage mißlich um ihn, jetzt ist er aber wieder hergestellt ...

Wilhelm von Wolzogen an Johann Friedrich Cotta, 12.05.1805

Die Nachricht von Schillers Tod erhielt Cotta durch einen Brief Wilhelm v. Wolzogens, Charlotte Schillers Schwager.

Gestern Abend erfuhr ich in Auerstädt, daß Schiller tot sei. Heute Nacht um 1 Uhr wurde er beigesetzt. Sein Tod sei sanft gewesen. Man hat ihn geöffnet und eine sonderbare Desorganisation in seinem Innern gefunden. Die Teile der rechten Seite konnten keine Funktion mehr leisten, nur mit dem linken Lungenflügel atmete er und dieser fing sich schon an zu verwachsen. Sein Kopf ist noch vor der gänzlichen Zerstörung abgeformt worden, und Jagemann soll eine vortreffliche Zeichnung von ihm, sterbend auf dem Kopfkissen, gemacht haben.

Die ganze Familie ist in meinem Hause. Seine Frau liegt krank darnieder. Meine Frau konnte ihn bis auf den letzten Atemzug abwarten, welches ihm ein großer Trost muß geworden sein, denn er liebte sie außerordentlich und ihr zarter Umgang beruhigte ihn jederzeit. Sie waren immer der Freund von diesem Hause, bleiben Sie es auch in der Folge.

Golo Mann an Ernst Klett, 10. 05. 1980

Katja Mann starb am 25. April 1980. Ernst Klett hatte darauf am 30. April 1980 an Golo Mann geschrieben: »Lieber Herr Mann, das Wort ›Beileid‹ will mir nicht so recht aufs Papier, und Sie erwarten es nicht. – Aber bewegt bin ich doch. Wenn ein Mensch eigenen Wuchses sich ganz und ohne Klage in den Dienst eines anderen und seiner Sache stellt, wenn sie, auf ›Selbstverwirklichung‹ heutiger Mode verzichtend, diesen Dienst auf eine große Familie ausdehnt, dann ist das eine Souveränität eigener Art. Respekt, Bewunderung, Verehrung. Herzliche Grüße Ihr Ernst Klett«

Kilchberg am Zürichsee, Alte Landstrasse 39
10. V. 1980

Lieber Herr Klett,
Sie haben ganz recht: kein »Beileid«, aber Respekt für die Verstorbene. Wäre sie nur ein paar Jahre früher gestorben. Aber da waren die Kräfte de la sorcière, de la bruja, della stréga, of the witch, die auch in den letzten Tagen sich derart an dies Leben klammerte, dass, im Einverständnis mit dem brav-ängstlich-konservativen Hausarzt, leider auch mit meiner stets optimistisch verblendeten Schwester Elisabeth, nichts Linderndes gegeben werden durfte, was, vielleicht, um ein paar Tage hätte verkürzen können. Morphium erst am letzten Morgen, nach einer schrecklichen Nacht. *Das* hätte nicht sein müssen. Aber die Welt hat wieder einmal nicht auf mich gehört.

Wie auf Lichnowsky, der, wie ich von seiner Tochter hörte, sich eben darüber oft beklagt haben soll. Dazu, dass die Welt auf einen hört, braucht es manches, was er nicht hatte und was ich nicht habe. Darüber der beigeschlossene Artikel.

Nun, während ich einen *schwierigen*, weil auf vielfältigen Informationen aufgebauten Festvortrag zum zweihundertjährigen Bestehen der Bayerischen Staatsbank zuende bringen muss, ein Berg von Problemen; um nur ein Beispiel zu nennen, was denn aus dem Haus werden soll, und die drei Haupt- und drei Neben-Erben und die Schätzung des Schmucks etc. etc., von den Danksagungen nicht zu reden; letztere sind schlimmer als nach meinem Siebzigsten.

Eben erfuhr ich, dass es unseren *Breitbach* auch erwischt hat. Schade, sehr schade. La mort commence à m'ennuyer.

Den 30. April schrieb er mir noch ein nettes Nötchen aus Paris, auch den beigeschlossenen Artikel betreffend, und dass er hoffe, mich im Mai in München zu sehen und dass er *nach* dieser Reise nach M. in Paris sich einer Herz-Operation unterziehen müsse. Also keine Vorahnung. Im Mai 1940, als wir hier gemeinsam eine deutsche Invasion erwarteten, sagte er mir: »Nun, ich habe mein Leben genossen«, was auch für die nachfolgenden vierzig Jahre galt.

Ach ja: Solon etc. Den Marokkaner habe ich noch in Icking hinauswerfen müssen, weil er, während ich auf Reisen war, meinen Wagen genommen und prompt zerschmettert hatte: war noch nie an einer Lenkstange gesessen, glaubte aber, er habe es dem alten Hexenmeister abgesehen. Am Ende ein Glück, denn ohne dies hätte ich mir das Herz zu seiner Entlassung kaum gefasst; auch zahle ich ihm sein Gehalt noch ein volles Jahr ...

Herzliche Grüsse,

Golo Mann

Charlotte Schiller an Johann Friedrich Cotta, 06. 07. 1805

Cottas Sohn Adolf war am 12. Juni 1805 im Alter von sechs Jahren gestorben.

Brückenau bei Fulda den 6. Juli 1805

Ihr Brief, teurer verehrter Freund, hat mich tief bewegt, so ist diese kleine holde Gestalt auch unsren Augen entrückt. So müssen wir nun vereinigt unsere Geliebten beweinen!

Sie fühlen verehrter Freund, was Sie Ihrer Frau, was Sie George schuldig sind, und die Liebe zu diesen beiden wird Ihren Schmerz besiegen helfen. Ich kann noch nicht viel darüber sagen, trösten kann ich, die des Trostes so sehr bedarf, noch weniger.

Aber glauben Sie mir meine Freunde, daß ich meine Kräfte aufbiete, nicht unter zu liegen, daß ich den Willen habe, für Schillers Kinder, für sein Andenken zu leben.

Elias Canetti an Michael Klett, 12. 07. 1988

12. Juli 1988

Lieber Herr Klett,
Es tut mir wohl zu denken, dass Sie und Ihre Frau einmal bei uns waren und Hera, wenn auch nur kurz, gesehen haben. So wissen Sie, was nicht mehr da ist und ich kann Ihnen für Ihre Worte redlich danken.

Sehr herzlich
Ihr Elias Canetti

Johann Gottfried Seume an Johann Friedrich Cotta, 1809?

...Mir gehts erbärmlich, denn es scheinen sich 36 000 Krankheiten verschworen zu haben, mich diesen Sommer niederzutravaillieren. Gelingts, nun so ist Feierabend.

Doch hat mich jetzt so vel *quasi* das Gros der Harpyen so ziemlich wieder verlassen, und ich denke Sie *bono cum deo*, wie ein alter Schulmeister in Borna sagte, zu Anfange des Oktobers in Ihrem Tübingen wirklich einige Stunden heim-
138 | zusuchen. Oder ich richte es so ein, daß ich eine Nacht dort bleiben kann. Bei Ihnen wohnen kann ich nicht, weil es meine Verhältnisse nicht erlauben; denn ich bringe für einen meiner Freunde einige ganz gut geartete junge Bären in die Schweiz, die bei Bern gehörig ausgeleckt werden sollen. Erlaubt mirs die Zeit, so gebe ich bei Ihnen wohl einen Tag zu: denn meine Rückfahrt hat wegen meiner hiesigen Siebensachen Eile. Hin gehe ich durch Schwaben und rückwärts über Heidelberg, um meine alten Ungetümer von der Elbe dort zu besuchen. Ueberall ist dann Weinlese, und es müßte doch wohl schlecht sein, wenn nicht eine vernünftige Traubenkur der Morbona den Hals umdrehen sollte. Sie müssen aber etwas säuberlich mit mir verfahren; denn es hat sich meiner ein Grad von schlechter Grämlichkeit bemächtigt, daß Thümmels Mops, greulichen Angedenkens, gegen mich ein wahres Maikätzchen gewesen sein muß. Wenn also nicht der heillose Krieg oder irgend eine andere *causa sontica* den Plan zerstört, bin ich circa den dritten bis sechsten Oktober bei Ihnen am Neckar, sehe mich um und leiere fürbaß.

Apropos schreiben Sie mir doch, ob Sie meine letzten Quincaillerien gehörig erhalten haben; denn ich habe gewöhnlich keine Abschriften mehr, und alles möchte ich doch nicht gern verloren wissen; ausgenommen, es müßte mir jemand meinen Unterleib wieder in Ordnung bringen, für den wollte ich alle meine Verse, keinen ausgenommen,

in den Lethe versenken, wo die Vergessenheit am dicksten ist; und das ist doch wahrlich ein greulich heroischer Entschluß für einen deutschen Poetaster. – Wir leben übrigens hier in unserer gottseligen Dummheit fort wie gewöhnlich. – Wenn Sie Göschen, wie er vielleicht fürch- | 139
tet, Thümmels Reisen abwinden sollten, so ist es aus mit uns. Thümmel wird alt und schwach, und sein Sohn träumt ohne Berechnung goldene Berge wie es scheint. Die Sache ist weitläufig; mündlich mehr. *Au reste le bon dieu vous prenne tous dans sa sainte garde.*

Ernst Jünger an Michael Klett, 30. 03. 1982

D-7945 Langenenslingen 1,
Wilflingen 30. 3. 1982

Lieber Michael Klett,
Ich habe meinen Pariser Aufenthalt abgebrochen, weil ich die Nachricht von Stauffenbergs Tode bekam. Nach über dreißig gemeinsam verbrachten Jahren wollte ich bei seinem Begräbnis nicht abwesend sein.

In Paris wurde ich von verschiedenen Freunden auf einen Film hingewiesen, in dem ich anscheinend über mich selbst spreche und eine Reihe von Unwahrheiten über meinen Charakter und insbesondere über die während des Krieges in Paris verbrachten Jahre aussage.

Eine Ankündigung liegt bei. Hier ließe sich entweder Einspruch erheben oder eine Klage anstrengen. Offenbar liegt eine bedeutende Schädigung vor. Ich wäre Ihnen dankbar, wenn Sie den Fall prüfen ließen. Vielleicht könnte auch Bourgois behilflich sein.

In Eile, da ich zugleich mit meinem Geburtstag und dem Begräbnis beschäftigt bin.

Herzlich Ihr Ernst Jünger

Charlotte Schiller an Johann Friedrich Cotta, 15. 11. 1821

Cottas Frau, Wilhelmine, war im August 1821 gestorben.

Weimar den 15. November 1821

... Daß ich Ihnen so lange nichts über Ihren Verlust sagte, den ich mit Ihnen teile und empfinde, das rechnen Sie mir nicht als Mangel an Anteil an. Ich weiß am besten, daß man nicht trösten kann, daß man nur nach und nach sich an das Leben gewöhnen lernt, das man in solchen Schmerzen verleben soll, – und daß nichts tröstet als der Gedanke an die Kürze des Lebens, an eine beßre Welt, wo wir, was wir hier liebten und verloren, wiederfinden werden ...

Einst werden wir alle erfahren, warum bei so vielen Ansprüchen und Hoffnungen für Glück in der Welt das Beste uns entrissen wird, und wir lernen müssen, daß der Mensch aus sich selbst sein Leben zu ertragen, zu genießen die Kräfte schöpfen soll. Es ist doch eigentlich das Leben nur eine Vorbereitung unsrer höheren Bestimmung, und frühe Schmerzen bilden den Menschen mehr aus als Glück...

Hier bin ich im Gefühl, den heiligen Ueberresten nahe zu sein, meinen wenigen Freunden zu leben (...) – Neue Freunde kann ich mir hier nicht erwerben. – Daher geht es mir wie Attinghauß im Tell.

Und enger stets, in immer engerm Kreis
Beweg ich mich dem engesten und letzten
Wo alles Leben langsam stillsteht – zu.

Ingomar von Kieseritzky an Michael Klett, 22. 03. 1976

22. III. 1976
berlin – grunewald

lieber herr klett,
es wäre ohne die geringste konvenienz, ihnen auf ihren liebenswürdigen handschriftlichen brief ebenfalls mit hilfe der hand zu schreiben, denn meine schrift ist sozusagen nur für den privaten gebrauch geeignet, für notizen in beinahe briefmarken – grosse büchlein z. b. oder für randnotizen in büchern; immer mit einer winzig kleinen schrift, die mich bestimmt einmal partiell erblinden lässt. (ich danke sehr; briefe sind selten.) (...)

morbus A. lässt den verf. nicht aus den fängen; der begriffsapparat (schmerz-referenz, schmerz-kasuistik und kausal-hypothetik der irritation, irritabilität und lokalisierbarkeit) muss fürs publikum gestutzt und auf verständlichkeit gebracht werden; es scheint ja kaum etwas noch an diskursivität zumutbar zu sein, wenngleich in dieser beziehung

der NDR ein freundlicher und durchaus konziliantер sender ist.

ein amerikanischer verleger erzälte mir, er habe das titelblatt eines schwierigen buches mit einer photographie bei der 2. auflage versehen; da ging es besser. aber es bleibt zu fragen, ob das deutsche leser-volk ähnlich naiv ist; schliesslich müssen dann noch illustrationen im text sein.

nun lasse ich mich wieder in M. A. fallen; ihnen wünsche ich klare, überschaubare arbeit und diogeneshafte ruhe.

Sehr herzlich grüßt Sie Ihr Ingomar von Kieseritzky

Johann Wolfgang von Goethe an Johann Friedrich Cotta, 16. 06. 1831

Weimar, den 16. Juni 1831

Ew. Hochwohlgeboren sind nunmehr durch die Aushängebogen des Herrn Frommann in Kenntnis gesetzt, daß wir das auf die Metamorphose bezügliche Heft endlich abgeschlossen haben.

Da es sich nicht wohl ziemen will, daß man teilnehmenden Freunden in die Ferne die einzelnen Unbilden vorklage, welche unsre Tätigkeit hemmen und verspäten, so hab’ ich bisher über manches geschwiegen, besonders da ich von Ihrer Einsicht in die weltlichen Dinge mir versprechen durfte, Sie werden mitgefühlt haben, daß die gegen Ende des vorigen Jahrs mich betroffenen Unglücksfälle eine völlige Umänderung in meinem Lebensgange machen würden. Ich mußte stillstehen, da wo ich kräftig vorzuschreiten gedachte; da wo ich glaubte aufgehört zu haben, mußt' ich von vorne anfangen, und ich will nur bekennen, daß ich mehr als einmal auch dieses Heft, wie es jetzt liegt, nicht zu endigen fürchtete …

Indem ich nun, durch dieses vertrauliche Bekenntnis, manche bisherige Retardation und ein langes Stillschweigen zu entschuldigen und aufzuwiegen hoffe, so will ich nur noch versichern, daß mein aufrichtigster Wunsch ist: es mögen des verehrten Paares gleichfalls gesteigerte Jahre von äußern Übeln dergestalt bewahrt bleiben, damit die innere Lebenskraft auf eine so mannigfaltige unübersehliche Weise fortzuwirken kräftig bleibe. Die Jahre nehmen ohnehin, was sie früher brachten; wenn nun auch die Außenwelt ihren Anteil wegnehmen will, so möchten wir zuletzt als allzu nackt und hülflos dastehen.

Doch sei es nicht mutlos geschlossen! vielmehr mit der Versicherung: daß ich jeden guten Augenblick zu nutzen trachte, um derjenigen, die an mir teilnehmen, bis ans Ende wert zu sein.

Jean Améry an Hubert Arbogast, 16. 10. 1978

Dr. Hubert Arbogast war über mehrere Jahrzehnte Cheflektor des Verlages Klett-Cotta. Unter vielen Briefen von Jean Améry an Arbogast ist dies der letzte.

Hotel Österreichischer Hof
A-54024 Salzburg
16. 10. 78

Lieber Herr Arbogast –

Nur ein kleines Wort aus der Nacht:

Verzeihen Sie mir die Ungelegenheiten, die ich Ihnen wahrscheinlich bereite. Auch Michael Klett mag mir verzeihen; I was a bad investment. Aber er ist ja lieb und klug. Und noch besser als er wird sein Vater begreifen, dass man Lust haben kann, den Hobel hinzulegen. Grüssen Sie alle im Hause, die mir wohlgesonnen waren, und insonders natürlich (übers Haus hinaus) Freund Heissenbüttel.

Haben vor allem Sie, cher ami, Dank für so vieles. Wie traurig, dass es nun endigt. Ich scheide wehen Herzens, weiss aber, dass ich es nicht anders kann, Ich hielt mich aufrecht so lange die Kräfte reichten. Jetzt schwinden sie, so muss ich gehen.

In aufrichtigster Freundschaft
und Herzlichkeit, Ihr
Jean Améry

»... darf ich mich als Urteilender für zuständig halten«

Ein Gutachten im Rechtsstreit um den dritten Band der Tagebücher von Bismarck

Carl Duttenhofer an seinen Bruder Max Duttenhofer, 1980

Max Duttenhofer stand mit dem Inhaber des Cotta Verlages Adolf Kröner 1890 in Verbindung und stellte den Kontakt zu Otto von Bismarck her.

Gestern war ich beim Fürsten zu Tisch und brachte beim Kaffee den Inhalt des Kröner'schen Briefes zu dessen Kenntnis. Zuerste erzählte ich dem Fürsten, daß ich vielleicht in der Lage sei (ich muß voraussetzen, daß der Fürst in der denkbar vergnügtesten Stimmung sich befand), ihm ein lukratives Geschäft proponieren zu können, und erwähnte ich, daß Du mir geschrieben hättest, daß die Cotta'sche Buchhandlung gerne seine Memoiren in Verlag nehmen möchte. Als ich sah, daß er die Sache nicht direkt von der Hand wies, sondern nur erwiderte, er habe vom Auslande in dieser Richtung die unglaublichsten Angebote erhalten etc., fragte ich ihn, ob er gestatte, daß ich das Schreiben des Herrn Kommerzienrat Kröner ihm vorlege, worauf er mit dem Kopf nickte, und legte ich den Brief vor ihn auf den Tisch. Er fing nun an und erzählte, wie wenig man wisse, wie träge er geworden, vielmehr welche Masse von Trägheit er zu überwinden habe, wie viel Tausende von Schriftstücken er zum Ordnen herumliegen habe. Wenn er überhaupt seine Memoiren schreibe, so könne er dies

natürlich nicht für Geld tun, sondern er lasse das andern zukommen etc. Er nahm nun den Brief in die Hand und schien zu lesen, legte denselben aber wieder weg und sagte: ›Die Cotta'sche Verlagshandlung ist wohl das erste Institut
148 | dieser Art in Deutschland?‹ Hierauf nahm er den Brief nochmals zu Hand und las ihn zu Ende. Nach einer Pause sagte er mir folgendes wörtlich: ›Jetzt ist es noch zu früh damit, in diesem Jahr geht es wohl kaum mehr, Sie können sich denken, daß eine Unmasse Schriftstücke und Aufzeichnungen, die ich ja nicht alle an die Öffentlichkeit bringen kann noch darf, der Sichtung harren. Wenn mir Cotta übrigens s. Zt. eine geeignete Persönlichkeit zum Ordnen aller dieser Papiere zur Verfügung stellen könnte, so wäre ich dem Herrn sehr dankbar, augenblicklich aber ist es noch zu früh.‹ – Die Sache ist somit eingeleitet, wie ich hoffe zu Deiner resp. Herrn Kröners Zufriedenheit. Es wird nun Sache des Herrn Kommerzienrat Kröner sein, den Faden weiter zu spinnen!

Ein Gutachten von Thomas Mann

Thomas Mann war im Frühjahr 1921 um ein Gutachten im Rechtsstreit um die Publikation des dritten Bandes der Tagebücher von Otto von Bismarck gefragt worden. Entgegen Bismarcks Verfügung hatte der Cotta Verlag den Band noch zu Lebzeiten Kaiser Wilhelms II., nach dessen Verzicht auf den Thron publiziert. Dagegen legte das Haus Hohenzollern Rechtsmittel ein. | 149

Die maschinenschriftliche Fassung dieses Gutachtens und der Text »Ein Gutachten« in »Rede und Antwort« (Berlin 1922) weichen in einigen Formulierungen voneinander ab.

Abschrift
Gutachten von Thomas Mann 15. V. 21
An die
J. G. Cotta'sche Buchhandlung Nachfolger

Berlin

Ihrer Aufforderung, in dem Rechtsstreit, der den dritten Band von Bismarcks »Gedanken und Erinnerungen« zum Gegenstande hat, meine Meinung zu äussern oder, wenn Sie wollen, mein Gutachten abzugeben, komme ich nach, weil ich Ihnen beistimmen muss in dem Dafürhalten, dass es sich um eine Streitfrage literarischen Wesens handelt, bei deren Erledigung also das Urteil eines Schriftstellers wohl ins Gewicht fallen mag, – und dies umso mehr, als die reichsgerichtliche Auslegung des Urheberschutz-Gesetzes, auf welche die drei bisher zu Worte gekommenen

Instanzen ihre Erkenntnis gründeten, eine ganz ausgesprochen literarische, man möchte fast sagen: schöngeistige Orientierung an den Tag legt und unter Zurückweisung aller möglichen anderen Interessen ausschliesslich
150 | den künstlerischen Gesichtspunkt als massgebend kennzeichnet.

In diesem Sinne also darf ich mich als Urteilender für zuständig halten, – wobei ich übrigens die Möglichkeit einer affekthaften Trübung meines Urteil nicht leichtsinnig ausser acht lasse. Je weniger ich zweifeln darf, dass die drei Gerichte, die in der Sache bisher gesprochen, sich von keiner ausserrechtlichen und leidenschaftlichen Meinung oder Rücksicht haben beeinflussen lassen, desto gründlicher habe ich mich zu besinnen, ob nicht eigene, entgegengesetzte Tendenz und Leidenschaft, der Wunsch nämlich, die Aufzeichnungen des zornig sorgenden Riesen – Aufzeichnungen, die die ergreifende Widmung tragen: »Den Söhnen und Enkeln zum Verständnis der Vergangenheit und zur Lehre für die Zukunft« – möchten seinem Volke, auch seinem, denn andere kennen sie schon, endlich zu Händen kommen, – ob also nicht etwa diese Ungeduld mein Denken bestimmt. Dem ist nicht so, ich kann es versichern. Mein Wunsch, den ich nicht verleugne, mag sich meines Urteils freuen, aber dieses, in seiner intellektuellen Selbstgewissheit, ist unbestochen von ihm und würde sich zweifellos auch gegen eine widersprechende Willenstendenz durchgesetzt haben. Ich kann es kurz fassen. Nach dem Studium des 3. Bandes von Bismarcks Buch; nach genauer Rezeption der reichsgerichtlichen Rechtserläuterung, an die auch ich mich halten muss; nach wiederholter Prüfung der umstrittenen kaiserlichen Briefe im Sinn der Kriterien, die jene Rechtserläuterung an die Hand gibt, habe ich auszusprechen: Wenn das Reichsgericht seine Gesetzesdeutung zu dem ausdrücklichen Zweck formuliert hätte, das freie Erscheinen der »Gedanken und Erinnerungen« zu rechtfertigen, es gegen klagende Widersacher zu verteidigen, so hätte sie nicht anders lauten können.

In jedem Wort und mit fast erstaunlicher Sympathie für das Aesthetisch-Individuelle bekundet diese Deutung die Absicht, keinen Zweifel darüber zu lassen, dass der Paragraph, dem sie gilt, nur gesonnen ist, literarische, das heisst: geistig-künstlerische, das heisst: Persönlichkeitswerte zu decken und nichts darüber hinaus. Ihre Tendenz zur Einschränkung, zur namentlichen Ausschaltung alles dessen, was, obgleich »allgemein interessant«, obgleich »literarisch verwertbar«, dennoch ausserhalb der Reichweite des urheberrechtlichen Schutzes fällt, ist sehr lebhaft und in der That so weitgehend, dass nicht viel vorzustellen bleibt, was allerdings Anspruch auf diesen Schutz nach dem Wort des Kommentars zu erheben hätte: natürlich nicht viel; denn die faktische Seltenheit solcher Werte stimmt mit dieser theoretischen Exklusivität überein. Der Diener am Recht wird zu hochgradiger Uebersachlichkeit, zu einem rein aesthetischen Wertempfinden angehalten. Er wird aufgefordert, nicht auf den Tatsachenstoff zu achten, den ein Schriftstück etwa verarbeitet, und der es zur historischen oder psychologisch-biographischen Urkunde stempelt. Ihm wird vorgeschrieben, sich einzig zu fragen, ob das Dokument, über das zu befinden ihm obliegt, »auch abgesehen von den bekundeten Thatsachen und als

Erzeugnis eines beliebigen Verfassers literarisch bedeutsam sein würde«. Eines beliebigen Verfassers! Literarisch bedeutsam sein würde! Ist ein Schwanken möglich? Damit gewiss keines möglich sei, gibt der Kommentator die dop-
152 | pelte Bestimmung des Begriffs »literarische Bedeutung«.

Diese literarische Bedeutung, sagt er, die eine schriftliche Aeusserung, einen Brief des urheberrechtlichen Schutzes teilhaftig macht, kann auf zweierlei Qualität beruhen: sie kann geistiger oder formaler Natur sein. Sie kann erstens bestehen in einem »originalen Gedankeninhalt«, zweitens aber in einer Art der Formgebung, die auch einem Dokument, das eines solchen »Gedankeninhalts« entbehrt, »vermöge der besonderen Anmut und Kraft des Stiles einen aesthetischen Reiz und literarischen Wert verleiht«. – Diese Definition ist klug und liebevoll, aber sie zeigt die Schwierigkeit, ja Aussichtslosigkeit jeder Analyse des Organischen. In musischer Sphäre – und in dieser bewegen wir uns zweifellos nach dem Willen des Kommentars – ist der Gedanke von der Form nicht zu unterscheiden; sie sind nicht zweierlei; sie sind eins. Die Form ist der Gedanke, und dieser entspringt mit ihr. »Die Form«, hat ein Dichter gesagt, »ist nichts als der Kontur, der den lebendigen Leib umschliesst.« Auch weiss der Ausleger von diesem Einheitszauber wohl, sonst würde er nicht von einem «originalen« Gedankeninhalt, statt etwa von »neuen« Gedanken sprechen. Er weiss, dass es keine neuen Gedanken gibt; dass aber ein Gedanke Originalität, das heisst Ursprünglichkeit, geistige Einmaligkeit, geistige Eigentümlichkeit gewinnt durch ein persönliches Erlebnis, das die Sprache schöpferisch beseelt und das Gedicht zeitigt, – das urheberrechtlich geschützte Geistesprodukt, stelle dieses auch nur als »blosser Vertrauensbrief« sich dar.

Nichts kann gewisser sein, als dass die in Bismarcks Erinnerungen verflochtenen Fürstenbriefe zu den Produkten gehören, auf welche der reichsgerichtliche Kommentar die | 153
Wirkung des Schutzparagraphen nicht erstreckt wissen will. Diese Briefe stellen Schulbeispiele solcher Dokumente dar, die zwar von historischem und psychologisch-biographischem Interesse, aber ohne eigentlichen literarischen Wert und also nicht schutzberechtigt sind. Die Gegner der Veröffentlichung mögen welches Gesetz immer zu ihren Gunsten anrufen: auf dieses können sie sich unmöglich stützen, und die bisher in der Sache gefällten Erkenntnisse sind meiner Ueberzeugung nach rechtsirrtümlich und nicht zu halten. Das öffentliche Interesse daran, dass das Wort Bismarcks, dieser letzten Verkörperung grossen Deutschtums, nicht länger verheimlicht bleibe, wird auch für den Nicht-Juristen an humaner Würde noch übertroffen durch das andere, dass ein klar gesinntes und obendrein mit Geist und Gefühl erläutertes Gesetz keine falsche, objektiv missbräuchliche Anwendung erfahre.

München, den 15. Mai 1921
(gez) Thomas Mann.

Gründung des Verlages

Johann Georg Cotta
an die Universität Tübingen, 1659

Johann Georg Cotta, Antrag bei Rektor und Senat um Aufnahme ins akademische Bürgerrecht, 05.12.1659

Demnach Ich mich durch Vermittlung Gottes, mit Weylandt Herrn Philiberti Brunnen seel. nachgelaßener Wittib Euphrosina Ehelichen eingelaßen, undt nunmehr nach bereits vollendter Hochzeit, mir in alleweg obgelegen sein will, zu beßerer fortsezung der Buchhandlung, mich unter eine gewiße Jurisdiction undt Obrigkeitlichen Schuz zu begeben: aber Vermög dieser Löblichen Universität Privilegien freyheiten undt Statuten dahin gewiesen werde, daß wie jedesmahln, alle und iede Buchhändler, Von diesem Löblen Corpore seind foviret, auffgenommen, undt Obrigkeitlich gehandhabet worden, Ich auch billich mich deßen bedienen, undt daselbsten ümb daß Jus Civitatis gehorsamlich ansuchen solln, Zumahlen Ich insonderheit Von Ew Magnifz, Dignt, Excellnz, undt Grg. die Zeit über, alß ich mich hier in Diensten aufgehalten, einen großen favor verspüret; und noch fürters dieser gänzlichen Zuversicht gelebe, Sie werden in Continuation deßen, an Ihrem hohen orth nicht von mir außsezen, sondern ferner geneigt verbleiben.

Alß ist und gelangt hierauff an Ew Magnifiz, Dignt, Ex-

cellz, undt Grg. mein Hochfleißig gehorsamlich bitt, die geruhen nach anleitung der Statutorum Universitatis, mich in numerum Civium Academicorum zu recipiren, undt under dero Obrigkeitlichen Schuz Grg. aufzunehmen; Wie
158 | ich nun solche Grg. willfahr billich mit hohem Danck zu erkennen schuldig, Alß werde Ich mich auch dahin euserst und nach möglichkeit befleißen, Ew. Magnifz, Digt. Excellz. undt Grg. dero gebührenden hohen respect als meiner vorgesezten Obrigkeit iederzeit gehorsamlich zu erweisen; undt im übrigen Wandel undt Handel mich solcher gestalten zu bezeugen, daß Ew. Mafnifz. Dignt. Excellz. undt Grg. wie auch andere meine Convives verhoffentlich ein gutes genügen daran haben werden. Ew. Magnifz. Dgt. Excellz. undt Grg. damit Göttlicher protection zu allem gesegneten Wohlergehen heilvertigst, dero beharrenden Grg. mich gehorsamlich befehlendt, undt gewühriger resolution mich getröstendt. Ew. Magfz. Dgt. Excellz. undt Grg. Gehorsamer Johann Georg Cotta Buchh.

Verzeichnis der Briefe

»Wenn ein Mann wie Sie …«
Freundschaft und Konflikte mit dem Verleger

Georg Christoph Lichtenberg
an Johann Friedrich Cotta, 18. 09. 1795 21
Johann Wolfgang von Goethe
an Johann Friedrich Cotta, 19. 09. 1797 22
Robert Boehringer an Michael Klett, 1964 24
Friedrich Schiller
an Johann Friedrich Cotta, 29. 05. 1798 25
Golo Mann an Ernst Klett, 02. 08. 1978 26
Friedrich Rückert
an Johann Friedrich Cotta, 02. 01. 1820 28
Wilhelm Waiblinger
an Johann Friedrich Cotta, 15. 09. 1826 29
Robert Spaemann an Michael Klett, 09. 03. 2003 30
Theodor Fontane an Gustav Schwab, 19. 10. 1839 32
Heinrich Heine
an Georg v. Cotta, 26. 03. 1852 32
Ludwig Börne
an Johann Friedrich Cotta, 02. 05. 1826 34
Brigitte Kronauer an Michael Klett, 30. 04. 2004 34

Ludwig Börne
an Johann Friedrich Cotta, 31. 10. 1827 36
Javier Marías an Michael Klett, 28. 04. 1997......... 37
Horst Janssen an Michael Klett, 13. 08. 1984 38

»Ich fürchte, Goethe läßt seinen Faust ganz liegen …«
Um die großen Werke

Friedrich Schiller
an Johann Friedrich Cotta, 09. 03. 1795 41
Friedrich Hölderlin
an Johann Friedrich Cotta, 15. 05. 1796 42
Johann Wolfgang von Goethe
an Johann Friedrich Cotta, 27. 05. 1798 43
Friedrich Schiller
an Johann Friedrich Cotta, 24. 03. 1800 44
Mme. de Staël
an Johann Friedrich Cotta, 26. 02. 1807 45
Ernst Jünger an Ernst Klett, 17. 01. 1949............ 46
Heinrich v. Kleist
an Johann Friedrich Cotta, 07. 06. 1808 47
Heinrich Heine
an Johann Friedrich Cotta, 11. 11. 1828........... 49
Emile M. Cioran an Michael Klett, 29. 08. 1978...... 51
Emile M. Cioran an Michael Klett, 17. 09. 1978 53
Alexander v. Humboldt
an Georg v. Cotta, 22. 06. 1833 54
Jean Améry an Michael Klett, 23. 09. 19[??] 57
Friedrich Hebbel an Georg v. Cotta, 22. 12. 1856..... 58

Georg Wilhelm Friedrich Hegel
an Johann Friedrich Cotta, 22. 01. 1831 60

»... während das Fußvolk sich immens vermehrt«
Zeit und Gesellschaft

Josef Anton Pilat
an Johann Friedrich Cotta, 30. 12. 1824 65
Karl Heinz Bohrer an Michael Klett, 30. 10. 1992 67
Johann Gottlieb Fichte
an Johann Friedrich Cotta, 10. 12. 1798 70
Hartmut v. Hentig an Ernst Klett, 19. 09. 1983 71
Hartmut v. Hentig an Ernst Klett, 06. 10. 1983 75
Georg Wilhelm Friedrich Hegel
an Johann Friedrich Cotta, 29. 05. 1831 77
Ernst Jünger an Ernst Klett, 04. 08. 1970 79
Christoph Martin Wieland
an Johann Friedrich Cotta, Februar 1807 81
Ernst Jünger an Ernst Klett, 14. 03. 1965 82
Friedrich Wilhelm Joseph Schelling
an Johann Friedrich Cotta, 19. 02. 1815 86
Karl Heinz Bohrer an Michael Klett, 06. 06. 1993 87
Botho Strauß an Michael Klett, 21. 01. 1986 90
Wilhelm Hauff
an Johann Friedrich Cotta, 29. 07. 1826 92
Johann Gottlieb Fichte
an Johann Friedrich Cotta, 27. 04. 1795 96
Johann Georg Sulzer
an Johann Friedrich Cotta, 02. 11. 1800 96
Jean Améry an Michael Klett, 24. 10. 1977 104

»Das Leben ist sehr teuer in Rom«
Geld und Honorar

Friedrich Schiller
an Johann Friedrich Cotta, 13. 10. 1801. 109
Jean Paul an Johann Friedrich Cotta, 09. 11. 1807 111
Johann Wolfgang von Goethe
an Johann Friedrich Cotta, 15. 12. 1807 112
Johann Wolfgang von Goethe
an Johann Friedrich Cotta, 10. 5. 1812 112
Wilhelm Waiblinger
an Johann Friedrich Cotta, 29. 12. 1826 113
Ingomar von Kieseritzky
an Michael Klett, 05. 10. 1976 115
Friedrich de la Motte-Fouqué
an Johann Friedrich Cotta, 28. 12. 1815 117
Johann Peter Eckermann
an Johann Friedrich Cotta, 21. 12. 1825 119

»Ich wünsche, daß das ganze heiter aussehen möge«
Handwerkliches und Druckfehler

Johann Wolfgang von Goethe
an Johann Friedrich Cotta, 07. 02. 1803 123
Johann Gottfried Seume
an Johann Friedrich Cotta, August 1804 123
Eduard Mörike an die J. G. Cotta'sche Buchhandlung,
Stuttgart, 09. 03. 1866 125

Johann Wolfgang von Goethe
an Johann Friedrich Cotta, 30.09.1805 126
Johann Wolfgang von Goethe
an Johann Friedrich Cotta, 25.11.1805 127
Jean Paul an Johann Friedrich Cotta, 13.01.1807 129
Jean Paul an Johann Friedrich Cotta, 28.09.1812 129

»Kein Beileid, aber Respekt…«
Krankheit, Klage und Tod

Friedrich Schiller
an Johann Friedrich Cotta, 25.02.1805 133
Wilhelm von Wolzogen
an Johann Friedrich Cotta, 12.05.1805 133
Golo Mann an Ernst Klett, 10.05.1980 134
Charlotte Schiller
an Johann Friedrich Cotta, 06.07.1805 136
Elias Canetti an Michael Klett, 12.07.1988 137
Johann Gottfried Seume
an Johann Friedrich Cotta, 1809? 137
Ernst Jünger an Michael Klett, 30.03.1982 139
Charlotte Schiller
an Johann Friedrich Cotta, 15.11.1821 140
Ingomar von Kieseritzky
an Michael Klett, 22.03.1976 141
Johann Wolfgang von Goethe
an Johann Friedrich Cotta, 16.06.1831 142
Jean Améry an Hubert Arbogast, 16.10.1978 144

»... darf ich mich als Urteilender für zuständig halten«
Ein Gutachten im Rechtsstreit
um den dritten Band der Tagebücher von Bismarck

Carl Duttenhofer
an seinen Bruder Max Duttenhofer, 1890 147
Ein Gutachten von Thomas Mann, 1921 149

Gründung des Verlages

Johann Georg Cotta
an die Universität Tübingen, 1659 157

Quellen und Textnachweis

Die Originale der Briefe an die Verleger Johann Friedrich Cotta und Georg v. Cotta gehören zum Bestand des Cotta-Archivs (Stiftung der Stuttgarter Zeitung) im Deutschen Literaturarchiv Marbach.

Für diesen Band wurde zum überwiegenden Teil zugrunde gelegt die Transkription in:

Maria Fehling/Herbert Schiller (Hrsg.): Briefe an Cotta. 3 Bände. Stuttgart/Berlin. 1925, 1927, 1934.

Für den Brief von Eduard Mörike:

Eduard Mörike: Werke und Briefe. 18. Band, Herausgegeben von Regina Cerfontaine und Hans-Ulrich Simon. Stuttgart 2006

Für die Briefe von Georg W. Fr. Hegel:

Georg Wilhelm Friedrich Hegel, Briefe von und an Hegel. Band 3. 1823–1831. Herausgegeben von Johannes Hoffmeister. Meiner Verlag PhB 237. 3. Auflage 1969

Der Brief von Carl Duttenhofer und das Schreiben Johann Georg Cottas an die Universität Tübingen sowie der Hauptteil der Zeittafel sind zitiert nach dem Band: Liselotte Lohrer, Cotta. Geschichte eines Verlags. 1659–1959. Stuttgart 1959.

Die Briefe an die Verleger Ernst Klett und Michael Klett sind teils Bestandteil des Verlagsarchivs der Ernst Klett AG und teils privat.

Die Briefe an die Verleger Ernst Klett und Michael Klett sind abgedruckt für diese Ausgabe mit freundlicher Genehmigung der Verfasser, oder ihrer Erben bzw. Rechtsvertretung. Des Weiteren wurden Briefe abgedruckt mit freundlicher Genehmigung des Verlags S. Fischer, des Centre Nationale du Livre, der Deutschen Schillergesellschaft, Marbach am Neckar, der VG Bild.

Der Brief von Jean Améry an Hubert Arbogast vom 16. 10. 1978 befindet sich im Nachlass Hubert Arbogasts für Frau Professor Uta Kutter, Akademie für gesprochenes Wort.

Für das Gutachten von Thomas Mann in dem Rechtsstreit um den dritten Band der Tagebücher von Bismarck:
Thomas Mann, Gesammelte Werke in dreizehn Bänden. Band X. Reden und Aufsätze 2 © 1960, Frankfurt am Main: S. Fischer Verlag GmbH, 1974, S. 610–613.
Der in diesem Band abgedruckte Text folgt dem schreibmaschinenschriftlichen Gutachten, wie es beim Gericht eingereicht wurde. Der Text der Werkausgabe und der hier zugrunde gelegte Text weichen in einigen Formulierungen voneinander ab.

Zeittafel

Am 22. November 1659 heiratet Johann Georg Cotta die Witwe des akademischen Buchführers Philibert Brunn.

Der Verlag bzw. die Buchhandlung wird geführt durch

1659–1692	Johann Georg Cotta I.
1692–1712	Johann Georg Cotta II.
1712–1770	Johann Georg Cotta III.
1770–1775	Johann Jacob Cotta
1775–1787	Christoph Friedrich Cotta
1787–1832	Johann Friedrich Cotta, der »große« Cotta Seit 1817 von Cotta zu Cottendorf, seit 1822 Freiherr
1833–1863	Johann Georg IV. Freiherr Cotta von Cottendorf (Georg von Cotta)
1863–1888	Carl Freiherr Cotta von Cottendorf
1889–1911	Adolf Kröner (führt den Verlag nach dem Kauf unter dem Namen J. G. Cotta'sche Buchhandlung Nachfolger weiter.)
1911–1955	Robert Kröner und seine Erben
1952/1954	Erwerb des Cotta'schen Verlagsarchivs durch die Stuttgarter Zeitung und seine Überfüh-

	rung als Leihgabe an das Schiller-Nationalmuseum, Marbach
1956–1977	J. G. Cotta'sche Buchhandlung Nachfolger GmbH, nach dem Verkauf an eine Gruppe Stuttgarter Verleger und Buchhändler. Der Verlag geht noch 1956 in das alleinige Eigentum von Wilhelm Schlösser über.
1977	Die Firma Ernst Klett – Verlag und Druckerei – erwirbt von Wilhelm Schlösser alle Anteile an der J. G. Cotta'schen Buchhandlung Nachfolger GmbH. Der wissenschaftlich-belletristische Verlag von Ernst Klett wird umbenannt in Verlagsgemeinschaft Ernst Klett – J. G. Cotta'sche Buchhandlung Nachf. GmbH, abgekürzt Klett-Cotta.

Die Herausgeber:

STEPHAN ASKANI, geboren 1960, Studium der Literatur, Philosophie und Allgemeinen Rhetorik in Tübingen und Paris, ist Lektor im Verlag Klett-Cotta.

FRANK WEGNER, geboren 1971, Studium der Literatur und Philosophie in Freiburg, Paris und Cambridge, ist Lektor im Verlag Klett-Cotta.